下的人

目次

序　表達、記錄和傳承

香港現形記

又是我這個港產宅男，我叫木，大家記得我們「傘下的人」，記得我們每年為香港寫下的一本書嗎？

記得在二〇一四年，發現有太多來自權力，在網上網下以假亂真的表達，試圖改寫香港人的記憶。我們因為害怕大家遺忘雨傘運動中的真實點滴，就將不同香港人的故事逐一寫下，最後編寫成為《被時代選中的我們》。

二〇二〇年，「傘下的人」選擇了離開香港，在台灣繼續出版《我們的最後進化》，為香港留下記憶。說穿了，我們都知道有太多事，在唯國家安全獨尊的香港已經變成禁語，言論的紅線比馬路上的雙黃線更多。一切危及國家安全的，只要《國安法》派上用場的，特區政府就用《國安法》去阻止；《國安法》派不上場的，特區政府就用各種行政手段去阻止。

Freedom of Expression，絕對是二〇二〇年的抗爭，也是徹底捍衛香港的關鍵。

因為香港這一年，連我這個平時只看動漫的宅男，也忍不住要查看聯合國《公民權利及政治權利國際公約》，以及其衍生的《香港人權法案條例》：

第十六條

意見和發表的自由

（一）人人有保持意見不受干預之權利。

（二）人人有發表自由之權利；此種權利包括以語言、文字或出版

物、藝術或自己選擇之其他方式，不分國界，尋求、接受及傳播各種消息及思想之自由。

（三）本條第（二）項所載權利之行使，附有特別責任及義務，故得予以某種限制，但此種限制以經法律規定，且為下列各項所必要者為限——

（甲）尊重他人權利或名譽；或

（乙）保障國家安全或公共秩序，或公共衛生或風化。

【比照《公民權利和政治權利國際公約》第十九條】

香港人從前，相信都會把焦點放在（一）和（二）；香港人現在，相信都會自動對焦在（三）之上。**國家安全或公共秩序，或公共衛生**正正成為了特區政府的「巨人之力」，以此理由如同始祖巨人般開始操縱市民的記憶。

《進擊之巨人》湊巧在二〇一四年也被中國禁播，當年的劇情不過是講述一個被神秘巨人不斷攻擊的國家，民眾捨命反抗的故事。時至今日，劇情已揭示這個國家，原來一開始就利用「巨人之力」操縱全國的記憶，讓市民感受巨人所帶來的恐懼，是用外力攻擊鞏固政權，保護權貴，要求市民犧牲的手段。劇中軍隊的口號：「獻出你的心臟」，正是愛國情懷的頂峰。

但後來，當劇中國家的女皇，決定不再操縱全國人民的記憶，「獻出你的心臟」便消失於無形。一邊追看這套動畫，一邊追看這香港，香港人卻只可嘆道現實總是殘酷的。

現實的殘酷，不只是沒有放棄操縱記憶的女皇，也更因為現實沒有一秒間操縱記憶的「巨人之力」。因此，現實中的二〇二〇年，成為了限制表達的一年，連拿起八張白紙也會威脅國家安全，只有限制表達、記錄和傳承，才能中斷記憶。香港，有一首不可唱的歌，有一句不能說的話，有一套不可上映的紀錄片，有一題不應問的試題，有一個不可調查的車牌……

但偏偏，這些不愛國，都在香港真正存在，也許這正是《香港人權法案條例》所預視的情況，**人人有保持意見不受干預之權利**在前，面對**某種限制**在後；在現實中，只有在運用了表達自由的權利之後，才須要承擔種種後果。形成二〇二〇年，香港人須要共同面對如西西弗斯神話般漫長的故事。不少香港人只是為享受與生俱來的表達自由，卻有人因此而辭職或被辭職，有人因此而被告上法庭，有人因此而離開香港，也有人因此而入獄……

這些人，並不只是記者；表達自由，也不只是記者的事。我們「傘下的人」略盡綿力可做的，只是將這些人的故事，記下來，寫出來，趕在香港淪為只有記憶的權利，沒有表達的自由之前，寫下這一本《香港現形記》。表達、記錄和傳承，就是香港人二〇二〇年的抗爭。

緬甸的抗爭中，有公民記者為了保存記憶，不惜每天都自己將新聞排成 PDF 發佈；也有普通人因為接受外媒的訪問而「被失蹤」。

不知道香港人何時何日會變成緬甸人一樣，還是在二〇二一年，我們已經一樣？

第 1 章

表達

一句口號、一個手勢、一場集會、一次罷工……都是表達思想的方法。

簡單如：「我愛你」，也必須要說出來、寫情書、拖著手、燭光晚餐、送禮物、放假Staycation，甚至送上戒指去表達愛意。不是每人都可以終成眷屬，但每人至少也有努力的機會。

但二〇二〇年，我們雖被告知仍有愛的自由，只是不可以選擇對象，否則就會失去表達的權利。

結果，香港人再沒法說，沒法做，沒法走出去，沒法再表達我們所愛所信。

塵世間最痛，莫過於此。

這，是香港人沒法表達的故事。

沒有罷工　只有缺勤

2020-2-3

1 | 表達

香港現形記

作者 彤

受訪者 醫管局員工陣線 副主席 David

——原來大家排隊唔係買演唱會飛，而係加入工會……——

前言

二〇二〇年初，中國武漢爆發新冠肺炎，薪高糧準福利好的香港醫護，史無前例地於二月發動五日罷工，要求特區政府禁止旅客經內地入境，以防香港疫情一發不可收拾。但此罷工卻觸碰了特區政府對「大三罷」（罷工、罷市、罷學）緊繃的神經，林鄭在罷工第一日就聲言行動「不會得逞」。醫管局主席范鴻齡及行政總裁高拔陞最終決定向經核實曾於二月三日至七日期間「缺勤」的員工扣薪。

罷工由醫護工會「醫管局員工陣線（HAEA）」發起，「陣線」生於二〇一九年反修例運動期間，David於二〇二〇年底接任副主席。他無悔當初決定，說：「工作不只是照顧病人，當醫療界預見有好大的公共衞生危機，但政府不作為，你就要用盡方法做應做的事。」

香港於二〇〇三年經歷沙士（SARS），疫症帶走二百九十九條人命，包括八名醫護人員。十八年後，武漢爆發新冠肺炎，傳染速度飛快，來勢洶洶的樣子令香港醫護界懸起一顆心。

任職公立醫院急診室病房護士的David，新冠肺炎期間曾被調往Dirty

Team，在監察病房內工作，負責為帶肺炎病徵的患者抽樣化驗，須近距離接觸確診者。回憶疫情爆發之前：「當時感覺到好似有事會發生，但不確定實際上是什麼事……是不是沙士重臨香港？大家都有點緊張。」

二〇二〇年一月二十三日，香港出現首宗確診個案，患者是一名乘高鐵由武漢經深圳來港的內地男子；隨後於二十四小時內，當局再接獲三十一宗懷疑確診個案。

罷工的理由

「醫管局員工陣線」於年三十晚開會商討罷工，David當時應邀出席，首次參與工會事務。疫情下，網上有呼聲要求醫護罷工，促請政府向內地「全面封關」，加上已有前線醫護集體請病假，「前線有人用自己的方法達到罷工效果，所以我們覺得時間好迫切。」最終會上敲定五日罷工方案：首日由「非緊急服務員工」開始，如訴求不獲回

應，餘下四日的罷工範圍擴至所有會員。「陣線」提出五大訴求，包括：禁止任何旅客經由中國大陸入境香港、落實確切方案確保口罩供應充足、暫停非緊急服務以提供足夠隔離病房、提供足夠配套予照顧隔離病人的醫護，並公開承諾絕不秋後算賬。

罷工準備得如火如荼，「陣線」成員於旺角設立「街站」，協助醫護人員入會，以確保罷工時得到保障。一月底仍有涼意，David憶述前來入會的人龍，由位於大廈九樓的辦公室，一直延伸至地下，每人等候至少三、四個小時，「那一刻好感動，亦難以想像，原來大家排隊不是買演唱會門票，而是加入工會……那一刻都好大壓力，大家都有期望，不然不會排那麼久的隊，不想辜負了他們的期望。」

罷工決定並非一片鮮花與掌聲，當然會有人批評醫護罔顧病人權益，打擊防疫工作。David說內心亦有掙扎，但他表示：「有人說：『你罷工不關心病人。』我不同意，我罷工背後的動機，正正是關心病人、

關心港人的公共衞生。」David 指醫管局不回應正當的訴求，才是應被苛責的一方。他說，相對於其他行業，醫護罷工面對的道德枷鎖更大，因所產生的影響嚴重，「但今次罷工發現，枷鎖未必那麼大，會有同事願意參與，將以前一直以為堅固的枷鎖鬆綁。」

不封關的理由

但敢於罷工的工會，非特區政府所樂見。罷工前夕，工會要求與特首林鄭月娥對話但遭拒絕，談判破裂觸發五日罷工，由二月三日開始至七日結束。醫管局多次呼籲員工上班，稱大部分預約手術削減，剖腹產子也須延期。工會則表示，高峰期每日有逾七千人罷工，佔整體醫管局員工近一成，罷工者亦曾到醫管局總部請願。特區政府當日宣布由二月四日零時開始，再關閉香港四個口岸，包括連接中港兩地的羅湖及落馬洲鐵路、皇崗陸路口岸和連接澳門的港澳碼頭，但強調關閉口岸與醫院管理局部分醫護人員發起罷工無關。林鄭更重申，任何人意圖以極端手段威逼政府或醫管局做不理性或對公眾無益的事情，都不會得逞。

罷工最後一天，過百人齊集醫管局總部要求對話，有人下跪求見高層，但管理層沒有現身；最終工會發動投票，表決是否延長罷工。David 稱他當時投票支持延長罷工：「當刻沒取得什麼成果，五個訴求當局都沒回應，有點氣不過。我罷工四日，但好似什麼成果都沒有。」可是，逾七千名會員投票，當中四千票投不贊成延長罷工，罷工就此結束。David 表示，理解其他同事的決定，因有人放心不下病人，只能無奈復工。

罷工的代價

結果延至三月二十三日，林鄭月娥終宣布大規模擴大抗疫措施，其中包括對中國大陸、澳門和台灣以外地區乘坐飛機抵港的所有非香港

居民「封關」，並停止香港機場轉機服務，要求所有入境人士強制家居檢疫十四天。

不過，為封關而罷工的醫護，終遭「秋後算賬」。事隔一年，特區政府及醫管局將是次罷工定性為「缺勤」，結果曾參與罷工的醫護被追究「缺勤」責任，扣除缺勤的薪金，David 亦被扣掉三千六百港元的工資。David 更稱，有醫護疑因今次事件而在年底評核中遭降級，結果將會影響日後升遷或進修。但回顧一年前的罷工決定，他並不感到後悔。他認為特區政府當時沒有全面封關，是「賭輸了」，疫情在社區爆發，逾百人染疫離世，政府必須負責。

罷工變「缺勤」，David 強調醫護不是無理缺勤，而是參加工會行動，對抗不合理的政策，權利受到《基本法》所保障，《基本法》第二十七條明訂香港居民享有「組織和參加工會、罷工的權利和自由」。但身為罷工組織者之一，David 表示：「對自己都有失望，過程中好多地方可以做得更好，可以再早點進行籌劃。」他舉例指外國工會定期舉行職場教育，講述罷工的知識，或是成立援助基金，協助因罷工而被扣薪者。

「醫管局員工陣線」於二〇一九年反修例運動期間成立，當年就是在推動罷工的社會氣氛下誕生，誰料工會罷工的權利，也會變成「被缺勤」而被閹割。曾帶領醫護罷工的時任主席余慧明，也因民主派立法會初選案以《國安法》被控。難怪，明言不會罷工的工會，在香港甚受政府重用。

被問及工會的近日發展，David稱：如社會狀態：「我們好想推動一些事情，但好多時候力不從心，整個社會都是如此，不知道要做什麼，又怕會不會觸及紅線，令人有點迷惘。」罷工熱潮退卻，連帶還有會員的投入程度，「作為工會，我們想捉緊會員，但會員又沒什麼回應，例如搞福利班活動，都沒什麼人參與，我們嘗試透過更多方法捉緊他們。」

《國安法》自二〇二〇年中落實，此後政治風險大增，工會的招募因而受挫。David說招募核心成員較以往困難，大家似乎多了考慮法律風險，「不想被看見」，同時亦萌生出一種無力感，不知道面對如此政治壓力下還能做些什麼。David稱「陣線」與傳統工會不同，除了關注勞工權益外，亦關注社會議題，因為兩者息息相關，例如二〇二〇年曾派發蠟燭給公眾悼念六四事件。

政治形勢多變，警方於二〇二一年禁止支聯會舉辦六四集會，甚至將慣常的舉辦地——維多利亞公園封鎖。David說這年「陣線」轉趨低調，六四當日只到銅鑼灣點起燭光，並沒有向公眾派發蠟燭，「好多控制不了的因素，未必是《國安法》，可能說你未經批准集結。當維園都進不去，就會多考慮些了。」

「陣線」由醫護人員組成，不時針對特區政府的防疫措施提出批評。David 說會堅持「講出真相、指出政府的荒謬」，「坦白講，我們不知道幾時會觸碰（紅線），因為紅線不斷飄移。」他認為，最令人恐懼的，正是難以預計什麼行為會違法：「預見到後果的恐懼，同未知後果的恐懼相比，後者的恐懼大好多。」

香港於二〇一四年和二〇一九年分別經歷兩次大型社會運動，David 亦置身其中，最終選擇社運低潮時，進入工會的「熱廚房」。他說：「與其他同路人的遭遇相比，自己毫髮無傷，還可以較自由行事，就會覺得輪到自己上場……（我）沒勇氣去前線，工會的位置能夠講出真相，相對舒服，Pick Up 到，那就到我上場。」David 並非不擔心政治壓力：「你考慮許多（政治風險），但好多人已經承受許多（後果），他們正面對坐牢、流亡……民主沒有 Free Rider，不能他人幫你爭取，然後你去享受。」

不滅

2020-6-4

1 | 表達

香港現形記

作者 海
受訪者 李卓人

——我對人心樂觀，但我沒說對未來樂觀。——

前言

二〇二〇年之前，香港是中國土地上，唯一能夠合法舉辦大型六四悼念活動的地方。

二〇二〇年，港府以防疫為名，自一九八九年來首次禁止維園（維多利亞公園）六四晚會。但燭光並沒有熄滅，就算在維園的射燈下，燭光依舊，更在香港各區遍地開花。

「我相信香港人，不會這麼容易改變。」支聯會主席李卓人肯定地說。

二〇二〇年以後，沒有人敢問以後……

曾經，六四集會被批評為「行禮如儀」。一樣的維園，一樣的形式，一樣的歌曲，一樣的燭光。但如今的香港，要「行禮如儀」也不容易。

二〇二〇年四月，支聯會一如往年入紙申請舉辦悼念六四的三項活動：長跑、遊行、晚會。但李卓人說，當時他們其實知道能「合法」舉辦這幾場活動的機會微乎其微。「二〇二〇年一月，大家記得那個是最後一次集會，當日更是四點鐘就腰斬，到四月就有限聚令。」向警方申請「不反對通知書」這個 A 計劃只是過場，支聯會早已將集中力放在 B 計劃。

可有膽公開記念

當時已有「八一八」、「八三一」、「一〇一」三宗反修例案件在身的李卓人說，自己已「汲取少許教訓」：「我不是叫人去維園，是我支聯會自己入維園，And that's it。我們叫大家遍地開花。」

曾反對別人另起爐灶的支聯會，因應香港政治形勢作出改變。「記得以前毓民要搞尖沙咀的時候，我們是希望大家集中力量全都去維園，但這個時候大家知道維園沒了那個空間。」他們改為找各區區議員幫忙派蠟燭，「安慰的是，真的見到堅持。人

心不死，這是我們最想表達的，去年（二〇二〇年）我們做到。」燭光遍佈香港各區，尖沙咀、屯門、大圍、沙田、馬鞍山、荃灣、大埔、觀塘的市民都自發悼念，而數以萬計的市民，無視警方在維園外圍廣播限聚令訊息，推開康文署圍封足球場的鐵馬，堅持如往年一樣在維園燃起燭光。

若舉傘　為誰命運祭奠

而這一年的六四晚會，亦不再「行禮如儀」，出現了前所未有的畫面：球場一邊的群眾高叫「結束一黨專政」，另一邊叫「光復香港」；這邊在唱〈自由花〉，另一邊唱〈願榮光歸香港〉；全名「香港市民支援愛國民主運動聯合會」的支聯會進行悼念儀式，「香港獨立」口號在周邊此起彼落。

相隔三十年的兩場社會運動，在同一個時空凝聚起來。

李卓人認同，去年部分人或許是出於珍惜集會自由而參與六四晚會。「我們整天都說，支聯會要同個運動 Connect，不要脫節，不要離地。人們喊的口號跟你就算不同，但都知道是支聯會的平台。你來六四集會，某個程度你都是認同這事，可能你有第二個訴求。就算我只是 Serve 一個平台，在整個運動裡面都是有作用。你接受了支聯會對運動有貢獻之後，再來想怎樣看六四、怎樣看我們的口號。『我喊這個口號，你都要喊這個口號』的時代已經過去了。」

這位投身社運工運四十年、別人眼中的「老泛民」，一直在關注和學習新社運模式。「我本身從來都不是什麼大台，我是一個組織者多於一個所謂領袖。我不會一錘定音，而是聽過所有的層面，找到位置大家都接受。我從來都是做這個角色，在民主派裡面、在運動裡面都好，透過大家互相包容，找到最團結人心的方法。」

香港
BE WATER!

歷史假使有人

筆者與李卓人見面的地點在六四紀念館，當時正舉行《從「八九六四」到「反送中」》的主題展覽，對比兩場運動的抗爭模式及政府鎮壓手段。展館門口右手邊有一個「打卡位」，是香港漫畫家尊子以漫畫重現兩場運動的不同場景及兩個時代的「民主女神像」。其中香港民主女神像，手持著「光復香港」旗，在《國安法》下的香港已經很少公開展示。「我們是堅持揭示歷史真相，不可以當沒發生過。尊子的漫畫是歷史真相，是不是連這樣都不行？不知道，但我們的想法是，你（政府）未殺到，我們沒理由自己移除。」

自《國安法》實施以來，社會一直關注支聯會會否被取締。回顧過去三十二年，支聯會曾經遇過幾個難關：九七回歸、〇三年廿三條立法，與港版《國安法》。李卓人坦言，這次的危機是最實在的。「〇三年都實在，覺得一通過（廿三條）就死。九七年不覺得那麼實在，因為當時中共還要 Buy Time，向國際社會示範下（一國兩制）。當時還是韜光養晦，不是那麼戰狼，現在不同了，是真正的危機。」

是誰造就壯烈

李卓人分析，支聯會暫時未被取締，可能只是先後次序的問題。「你看到他們打擊最力的，是一整代參政的人，以人為主，還沒去到取締組織。可能是他們的時間表裡面，還未去到這一步。我們沒有分離主義，這是他們最厭惡的；另一個他們最厭惡的是民主派奪權。他們先集中處理選舉，這是他們自認為最弱的目標，先搞垮整個選舉制度。完成這個政治佈署，他們還會不會覺得支聯會對國家安全有威脅？到時候再講。他們可以用『結束一黨專政』去取締我們，但我都存在了三十二年，有什麼理由呢？」

不知是幸還是不幸，二〇二一年的六四，警方繼續引用限聚令而不是《國安法》來禁止六四晚會。但不管是用哪一招，李卓人預期，未來一段日子大型集會都不太可能出現。「就算沒限聚令這招，他都可以用公眾安全、秩序等理由：『對他人的權利自由有影響，對香港公眾秩序有影響』而抗拒集會申請。二〇一九年他們的教訓是，人民聚集是非常嚇人的。對他們來講和理非同勇武沒分別，因為他們覺得和理非縱容勇武。」

若維園真的從此燭光不再，香港人能拒絕遺忘嗎？香港人還能紀念六四嗎？經歷血腥鎮壓的北京，已經沒有人再提起六四。三十年後的香港，會否變成北京？香港的反送中運動，又會否變成二〇一九年夏天的「一場風波」？

「沒了（維園燭光）這個Symbol當然好可惜，但人心不會死。香港人是好可愛的，可以硬頸又好有彈性。你愈打壓，他們是愈會堅持，繼續去表達，不會作太大犧牲，但會肯冒一些風險、

付一些代價去做一些事。」真的這樣樂觀？「我對人心樂觀，但我沒說對未來樂觀。」

在可見的將來，香港將會進入一段社運的低潮，我們又可以做什麼？「坐監。」李卓人苦笑道。這篇文章面世之時，李卓人已身陷囹圄。因「八一八」、「八三一」及「二〇一」三案，李卓人合共被判囚二十個月，因六四集會被檢控「舉辦和參與未經批准集結」的案件，仍未審結。

「希望可以出得來，出得來便繼續做，做一日和尚就敲一日鐘，我會繼續敲鐘。這個是我一生的承擔，我會堅持到最後一刻。」

後記

這個訪問，是在「八一八案」判決前三日進行，當日已預視了李卓人三十二年來首次被迫缺席六四晚會。

二〇二一年的香港，比二〇二〇年更瘋狂。六四前夕，食物環境衞生署以六四紀念館沒申請公眾娛樂場所牌照為名上門調查，紀念館其後閉館。支聯會副主席鄒幸彤於六四清晨被捕，維園得到了「天安門廣場」級別的待遇，警方一早進駐維園封鎖足球場及中央草坪，三條過海隧道設置路障截查車輛，反修例運動中常見的水炮車、裝甲車再次出動。有親中媒體引述消息指，警方動員了七千警力。

正如李卓人所料，維園燭光沒了，但人心不死。在燈火通明、空無一人（除了警察）的維園外，黑色人潮絡繹不絕。無需大台，大家都知道八點正是悼念時間。有人燃起燭光，有人亮起起電子蠟燭，有人亮起手機燈。沒有去維園的，在教堂、在海邊、在公園、在家裡悼念。

六四記憶，早已植根香港人心中。

便利貼的重量

2020-7-1

1 表達

香港現形記

> 如果人帶著『日後還有路可行，今日暫且止步』嘅心態，係唔得嘅。讓一步，就係讓步。

作者
安

受訪者
阿錡
「壹碗壹碟」負責人顧生

前言

二〇一四年香港出現「第一代連儂牆」，色彩斑斕的便利貼沿著樓梯往上發展，貼滿了金鐘政總外的那一小面水泥牆。這個情景，當時遠在外國的阿錡仍記得，內心暗嘆香港人原來並非政治冷感。時隔五年，連儂牆散落在社區，其中一處竟是自己開業的店舖門前，遠超乎他的想像。

所有牆上的便利貼，他都一一看過。即使後來連儂牆淹沒了自家的招牌燈箱，也不曾撕下任何一張，「因為那些都是人們表達的心聲，即是所謂的言論自由。」

只是，二〇二〇年六月三十日，《國安法》空降香港，迫使他打破承諾。在《國安法》實行的前一晚，他拆除店舖連儂牆，一張不留，「那條界線不是由你來定義何謂安全。」

來到阿錡的店鋪，環觀店面裝潢，已看見不少「黃店」的標記，如連登豬仔 A5 海報、Pepe 布偶和「齊上齊落」的賀年揮春等。店內的其中一面牆貼有數張便利貼，如是長期「捧場」的熟客，必會記得

這面牆曾經的模樣——四、五張便利貼堆疊一起般厚實，便利貼多得遮蔽招牌燈箱及Ａ１廣告海報，甚至蔓延至店外的商場範圍。

這壯觀的畫面，是阿錡未曾想過的，甚至連儂牆本身亦非自己設立。在二〇一九年九月，黃色經濟圈剛冒起成形時，一名學生熟客得悉阿錡的政見後，主動建議店舖設立連儂牆。兼任廚師的他最初猶豫，強調每份食物皆為自己親手炮製，不太希望食客純因政見而撐場。但幾經考慮後，他決定放手一試，熟客便帶來了幾枝筆和多疊便利貼，先行貼上幾張便利貼，便組成起連儂牆的雛形。

被低估的便利貼

「我沒想過之後的反應會這麼大。後來便利貼的數量之多，遮蔽了招牌燈箱。店舖落閘後，兩邊牆上的Ａ１海報，都被便利貼遮蓋了。」後來便利貼「過界」，伸延至店外的商場範圍，惹來管理公司發信警告。阿錡只好把那堆便利貼搬移至原有的安全範圍，「我不想撕掉已寫好的便利貼，因為那些都是人們表達的心聲，即是所謂的言論自由。當時大家都好清楚一件事，寫什麼內容都可以。」

連儂牆的留言多以打氣說話、政治口號為主。問及有哪一張便利貼寫的內容最為深刻，阿錡一時間答不出來，只記得曾有一位任職廣告界的食客專誠來光顧店鋪，寫下長篇的內容於便利貼上，「有時都有客人會好似寫信那樣，記錄當時香港的處境、自己有什麼願景，希望同路人堅持自己認為正確的價值，繼續向前行。」

熟客開闢出一片自由表達之地後，店主則接力負責經營空間。當時，不論店主或食客，壓根兒沒想過連儂牆佇立九個多月後，會有消失的一天。

連儂牆告終

去年六月三十日，人大全票通過《國安法》，港府當晚十一時刊憲生效。對於黃店展示連儂牆會否觸犯《國安法》條文，如第二十一條所稱煽動他人作出有關分裂國家的行為，坊間仍未有定論。但在這之先，多間黃店開始逐步清走店內的文宣及連儂牆。光榮冰室撕去玻璃門外的便利貼和文宣，但在社交平台表示不會退出黃圈。另一黃店「壹碗壹碟」表明不會拆掉任何文宣或便利貼，更計劃翌日七一派發文宣與禮物予市民。

作為其中一間黃店的店主，阿錡曾閱讀法律條文，但自言不懂法律，有感「那條界線不是由你來定義何謂安全」。為免承受法律風險，他於《國安法》生效前的凌晨，在店內逐一撕走便利貼，每撕走一張時，也再次留神細看當中的內容，「現在重提這件事，心裡面都覺得不舒服，每一張的內容都有看一次，曾經考慮應不應該保留一些便利貼。

但值得保留下來的實在太多了。如果要保留，好似應全部保留下來，才算得上公平。」

撕下所有便利貼後，不少熟客發現清空的牆壁時，也會無奈表示明白店家決定。而其後的事情發展，也引證了他的憂慮：於《國安法》生效的翌日，有警員到「壹碗壹碟」分店，警告店內的文宣內容或違《國安法》，要求負責人移除，否則採取行動。「壹碗壹碟」同日發出休業聲明，並拆除所有文宣。

首家被警告的黃店

「我真是沒想過我們會這麼光榮，成為第一間『被警告店內文宣或違法』的黃店。」「壹碗壹碟」的負責人顧先生苦笑道。

當日接獲警員警告後，店舖隨即休業，顧先生坦言當時面對模糊的界線，有不少疑問：「一旦警方真的採取行動，提出起訴，是誰被告？持牌人、公司董事，抑或正當值的同事？」在休業的兩天內，只有十多人的團隊多番商討，談及不同的可能性。顧先生自言團隊的做事風格是一不做、二不休，曾考慮若不能保留店內的百多張文宣，不如不做，宣佈結業；但後來顧及員工飯碗，決定繼續經營，並忍痛割捨原有的連儂牆，撕走百多幅文宣海報。

「當目睹這裡由一張文宣都沒有，變成可能是全港最多文宣的地方時，竟要你將所有心血毀於一旦，那個掙扎是好大的。」清拆文宣當日，顧先生不在場，委託中小企食店聯盟召集人林瑞華協助清場，「找他來代替操刀這事，令我的傷心程度低一些。那時真是很不開心。」

難過，源於店內的連儂牆為顧先生一手一腳建立。「壹碗壹碟」的連儂牆沒有五彩便利貼，但供食客提供文宣檔案，再由店家出錢付印，貼在舖內的牆壁，並多印一批派發給其他食客。未清拆連儂牆前，店內估計有過百幅文宣海報，貼滿了牆壁及座位分隔板。

顧先生記得，最初萌生設立連儂牆的想法，是因坊間開始出現「撕紙狗」，即撕去連儂牆文宣的人。市民在街上張貼文宣的風險漸增，顧先生想到開放店內空間，供同路人投稿，代為印刷文宣及張貼。店舖逢周二例休，他便會在店內剪裁最新印刷的文宣，按色調及內容，分批張貼在不同位置，也放在資源站，供食客自行取走，「用盡可做的空間，令文宣入屋。即使是外賣，我們都會塞一張文宣進去。」

不是連儂牆

投身飲食業前，顧先生曾做過與時裝相關的工作，笑言自己重視美感。談起文宣的擺放位置，自然有一套自家的美學，例如那個他口中的「金字塔正中位置」，是用來擺放重要的文宣。其中一幅登上正中位置、最令他難忘的文宣，印著「WE ARE BACK」三字，並畫有穿著不同裝束的香港人。

以上文宣沒有敏感的八字標語，但也難逃被拆的命運。「所有事都是One off，One time，當我印了出來，又撕去之後，就不會重印及貼上。雖然那張文宣好有意義，但有些事只會發生一次，你只有當下。」即使《國安法》未落實前，顧先生也採取一貫作風，每次收到文宣檔案時，只會印刷一次，不會重印。如此強調當下的時機，若沒及時把握，便會有所失去，按顧先生的說法，這是團隊的信念。

「這樣人才會珍惜那個Timing，認真思考自己可以行到幾盡？如果人帶著『日後還有路可行，今日暫且止步』的心態，是不行的。讓一步，就是讓步。」由此，略可理解當日《國安法》生效前，團隊仍放手一搏，堅持不拆的背後考量。只是，紅線當前，往往考驗起了每一個人。那一步是退讓，抑或另覓新路？

在「壹碗壹碟」的東大街分店，店內再沒有鋪天蓋地的文宣牆，卻有數幅畫作及相片，如萬人遊行塞爆街頭的鳥瞰照、港人頭戴「豬咀」（防毒面具）並手持黃色旗幟的畫作等。沒有政治標語，只有圖像。顧先生形容，現時迎來「後連儂牆時代」，一切訊息變得藝術化，「要明的人，自然會明。」

至於那批當日清拆掉的文宣，他沒有丟掉，相反寄存在外國的某一地方。有沒有可能在外國建立連儂牆？「我覺得不是時候，若果要重新展示，都應該是在香港展示吧。」沒有人知曉何時會有第三代的連儂牆，但顧先生滿有信心地說：「我信會有的。」

效忠

2020-10-11

1 | 表達

香港現形記

作者 Yoyo
受訪者 N、W

> 而家唔單止係民主嘅倒車……直頭係文明嘅倒車，而我就係揸火車嗰個。

前言

「工作對我來講任務好清晰的，就是做事，為了有生產力跟有工資，沒必要非得好喜歡自己在做的事。」可惜，自聶德權於二〇二〇年十月十一日公開要求公務員宣誓後，公務員明確地感受到身不由己，不論前線或後勤、高層或初階，都將成為政府「Dirty Work」的其中一顆齒輪，效忠政府。

就算再不認同，再討厭工作內容，公務員也只能「理所當然地落實執行政府施政工作」。

「對我來講是好 Black and White 的，不簽就辭職。」

自《國安法》實施後，表忠彷彿成了香港人生存的必要條件。同年十月中，公務員事務局公佈公務員宣誓擁護《基本法》和效忠特區政府的要求，要繼續任職就得簽署宣誓聲明，不簽署就等候發落，明確非常。

真心為錢

在香港的社會背景下，對於不是金融或「乜師物師」（師字輩頭銜）等專業行業出身的畢業生，加入政府可能是最佳出路，以「鐵飯碗」改善生活。在這樣的的餌誘下，十七萬公務員，唯有效忠。

N和W同樣，甫畢業便投考政府工，一方面是沒有更為理想的出路選擇，另一方面自然是追求生活品質。特別是家庭背景平平，更需要穩定、薪高的工作，他們直言：「不是為了錢也不會做。」兩位同樣算是「黃營」的人，偶有參與遊行集會等作政治表態，亦曾於社交平台上發聲。面對宣誓，二人自然是不同意，但猶豫的空間不大，因為大家都非常清楚，眼下只有簽署宣誓聲明或辭職兩個選擇。簽了亦不代表完全認同文件上的立場，只是保飯碗的無奈決定。

「沒什麼同事是真心想簽。」二人不約而同地說。

時間回到二〇二〇年年初。N細細回憶起遞交宣誓聲明的時間表，分批為新入職及已入職的公務員宣誓，結果各部門最後約在二〇二一年一月底才收到通知，翌日即要派發通知及詳情給部門所有同事，即包括措施公佈前的入職同事，要求於四周內簽署及交回效忠聲明。

一日通知十七萬同事

「一日通知期對普通公司來講可能OK，但對政府平日運作方式來講，一日好短。」倉促程度，或是重視程度，可見一斑。而不論是派發還是提交宣誓聲明文件，N的部門都要求同事親身與行政同事交收及簽收作實，行政同事又須在十天內傳回已收妥的證明。此外，行政同事更要每星期向上級報告已簽名人數，並向部門主管提醒未遞交的名單，極其重視。每一筆一步也得向上級緊密匯報，大大加重行政同事工作負擔。

N直指加重行政工作量非常無謂：「看你怎麼看啦，一是覺得你就職那時已經同意了立場就是這樣，簽多一次沒什麼，但另一方面便是多此一舉囉，不應該需要再Address，所以我都不同意這個舉動，好煩。」

困局中爭一口氣

這個「多此一舉」的宣誓工作，形式上也只是在一張輕飄飄的白紙黑字通告上簽個名。在養妻活兒的壓力下，是否可直接了當即簽即了？N坦言，放幾天才遞交純粹是「爭口氣」：「大家都好無奈，都是不想沒了份工，不是特別想簽……亦有同事想拖到最後一刻才簽，一邊找工作……宣誓的意義有傳媒渲染，亦有（公務員事務局）局長發言，令整個政治氣氛都要對個政府好Loyal的樣子……意義是來自那口氣跟政治氣氛，亦有老一輩會覺得是不是違背了中立原則呢？」

即使沒有轉圜餘地，W亦拖到期限前一天才遞交：「是好 Black and White，但落筆那刻仍然是苦笑加上唏噓。難受在於政府的爪可以延伸到任何地方，層出不窮；在於社會跟香港各方面都沉淪得好快，什麼效忠啊……擁護啊……不認同，但又要簽。有朋友做部門行政，有負責分派宣誓文件，說想『一把火燒了』，但我們知道就算燒了，不又是再印過再派過囉。我們的決定不影響大時代，唯有無奈接受。」

大時代下，社會動盪，可以凝聚人心的工作有很多。此刻，政府的首要工作卻是要求公務員宣誓效忠政府。「這時候突然見到他（政府）行動力好強，好明顯將宣誓的 Priority 放到好高，但明明你還有好多事應該做。」由上而下的要求，W和一眾公務員都沒有不從的餘地。

一百二十九個不服氣

家家有本難唸的經，稍有條件的，或趁這機會跳槽、移民，尋找更自由的天空。公務員事務局局長聶德權指，體制內共有一百二十九人拒簽聲明，其中二十五人已自行辭職，局方亦會要求其餘人士離職。

W分享同事間的憂慮，主要擔心簽了聲明而令「個底花咗」（留下汙點），影響出入境甚至移民。有主管則直接建議考慮不簽署的同事自行辭職，不要製造麻煩給自己。「整個決定是由上而下。而自《國安法》以來，任何反抗都會有後果，現在就還有做順民的Option。既然沒有好大誘因轉工轉行，都不得不簽……亦無謂特地不簽，留個藉口讓他（政府）刁難你啦。你不簽就是同他對抗囉，社會大環境已經做不到，更何況在體制裡面，無端端可能搞到變刑事。」

他一位拒簽聲明的朋友，至今仍在停職，聽候發落。

即使簽妥了聲明，也難保一勞永逸。W擔心日後反而因為大家簽署了宣誓聲明，更讓政府可大條道理抽出不夠忠心的人：「例如現在講暫調去大陸任職，這樣他可以說你不去，就違反當初宣誓的立場，之後什麼都可能會發生。」想像力有限，可能性無限，唯有隨遇而安。N也無法預計未來會如何加強對公務員的限制或要求，指「政府好一言堂」，有什麼新聞也只可以「到時再說」。

人人效忠　無一倖免

香港公務員總人數有近十八萬人，各司其職，總有人的工作不那麼政治化。但在愛國是硬道理的環境下，所有人都要宣誓，魔爪甚至伸延到非公務員雇員，哪怕只是康樂及文化事務署兼職太極班教練，無一倖免。

當政府想操控的範圍愈廣，牽連的人亦自然增加，W強調近兩年明顯感受到對工作看法的變化。「例如你坐運輸署櫃檯，有記者填表查冊，問你勾這格會不會違反《國安法》；或者有同事因政治問題被拘捕，你要送信給革職同事，可能連遞個文件都覺得是罪過。今日是衞生署，明日是運輸署，任何地方都一樣身不由己，大家都覺得自己無法倖免要幫政府做 Dirty Work，這感受好明顯。」

N的工作主要與政治有關，他眼看近年政府動作頻繁，多番向立場相反人士動刀，又橫空推出《國安法》及完善選舉制度等措施，務求把政府穩定施政的安全係數推到最高，感受更深：「現在不單止是民主的倒車……根本是文明的倒車，而我就是開火車那個。」

受害者與加害者

公務員的身份是雙面刃，既站在車頭，是面對政治環境變化的最前線，卻也在鐵飯碗的庇護下。「公務員一半是既得利益者，一半是在刀鋒上。如果同政府施政有關係，公務員就一定要身先士卒效忠給大家看。甚至可能拿同事祭旗，向國家效忠，以表示所有事都是在政府控制之下。」公務員多為穩定投身政府，但卻諷刺地成為刀鋒上的祭品。W也強調，公務員和市民大眾面對的狀況一樣，很多事情「做夢都想不到會有犯法的可能」，即使規行矩步亦不一定逃得過莫須有。

N和W分別在二〇一九和二〇一五年加入政府，同樣在經歷大型社會運動後投向「對家」，於最困難的時候選了最具挑戰性的工作。自二〇一九年後，社會撕裂加劇，大眾開始質疑「幫政府做事」的人。但公務員也曾掙扎求存，尋找石縫中丁點不合作運動的空間，甚至曾經成立新公務員工會、籌組罷工，務求令所有崗位的人也可盡力實踐自己的立場。只是宣誓的安排，代表體制內只剩下效忠。新公務員工會宣佈解散，因預計工會理事未能繼續留任，將失去工會理事資格，在考慮理事人身安全，以及保障會員資料的前提下解散工會。

唯望在將來，加入政府和紀律部隊都可以光明正大向鄉親父老宣佈，大家終可效忠自己，自由自在地生活與工作。

告別校園時：畢業要快樂

2020-11-19

1 表達

[redacted]

作者 靜

受訪者 沙

> 但當每一個人都變得更好，更強大嘅時候，去到某個階段，可能我可以負起嘅責任更大。或者將來到咗某個時間點，我哋變好，個世界已經變得更好。

前言

大學之道，貴在「夠大」。從中大出來的學生，總愛把自己喚作山城人。作為全港最大且自成一角的校園，中大就像是有個無形的結界，令這裡不受外界干預，校園的人傑地靈亦得以滋養出不少不識時務者。以往能入讀香港中文大學的學生，都說他們很快樂。

他們感激這座山城曾給予的無限自由，讓他們能在這個空間肆意摸索、嘗試、跌倒，然後找到自己的志業。日後他們長大，都說要以自己的方式保護和報答中大。而事實上，這屆的學生們二〇一九年就保衛過家園，這四年一度過得特別漫長。

二〇二〇年十一月十九日，原訂以實體形式舉行的中大畢業禮，卻被校方於一週前以防疫為由改為網上進行，引發學生不滿。逾百名中大學生響應網上呼籲，自行回校發起「暴大二〇二〇 我們的畢業禮遊行」，以聲援十二港人事件[1]及抗爭者。遊行隊伍從大學地鐵站外的民主女神像出發，期間有人手持標語，高唱〈願榮光歸香港〉。校方對此予以強烈譴責，指已於早上報警，並即時通報警方所有情況。翌日，國安處人員進入校園調查事件，十二月拘捕八人，涉及三名中大校友。

虎毒尚且不食子，學生們發聲，竟換來大人無情報警。

最初只因喜歡中大依山而建，便任性入讀的沙，四年來亦在這座山頭上走了無數遍。沙也終於要畢業了，她拿著黑色氣球參加了屬於她們的畢業禮。最後一次走在中大山頭上，沙只是想走得有意義些，好把想說的都告訴香港。

大學站外，快門聲不斷響起。路人們疑惑地打量著眼前的身影，不時低聲耳語。

原來是十數個身穿畢業袍、戴著面具的畢業生手持黑色氣球，站到了民主女神像面前。保安從五米距離以外傳來一次又一次的警告，但學生們沒有怯場，依舊直視著前方。

正午時分，多家媒體爭相拍照報導，以一幀照片記錄這些學生不畏強權，站出來為民主自由發聲的一幕。如此崢嶸風骨令不少人慨嘆，有人稱讚他們果然是從中大出來的學生，沒有枉讀聖賢書。

來自社會科學院的沙，面無表情地站在畢業生之中，身材嬌小的她眼神卻異常堅定。她的背脊挺得直直的，但其實她覺得十分尷尬。

只是畢業禮

「那是一個美麗的誤會。」甫一登場，沙幾乎是咬牙切齒地說出這句話，然後她又有點沒好氣地解釋事件來龍去脈。

當日，他們一眾同學回到中大參加這場遊行。事前有個同學提議一起訂購黑色氣球，她便跟大隊買了個氣球，想著在畢業日子和朋友打卡合照時，有氣球拿著沒那麼單調。

「所以那氣球不是為了遊行而買？」筆者忍不住問道。沙大聲笑了出來。「對。至少我買的原因沒什麼特別，可以說是裝飾性用途。」她似乎想以爽朗的笑聲來掩飾此刻的尷尬。

半晌，她又解釋，如果不趁畢業禮這天打卡合照，以後大伙人各散東西，便再沒機會在中大相見。所以不論校方的畢業禮取消與否，他們都是一早請了假，買好氣球，打算當日回去的。

結果誰也沒料到，他們只是在遊行前先分發氣球，卻因現場人太少，黑色的氣球及身後佇立的民主女神像又太高調，而頓時成為傳媒的焦點。當時，一名和在場記者熟稔的新聞系同學提議大家幫個忙，讓「行家」照幾張相交差，學生們便有點尷

尬地站好。「始終心態是我們還在中大範圍內，是這裡的畢業生，所以在這裡沒那種戒心。」她們不覺得一場校內遊行能發酵至如此地步，所以根本沒想過會有什麼後果。

照片的「風骨」原來只是一場巧合，沙不斷強調自己沒有貢獻什麼，極力拉開與英雄的距離，他們並非大眾美化了的少年英雄。

行出來　表個態

「當初決定要遊行，最大原因是校方取消實體畢業禮。」她覺得校方之所以臨時「轉軚」（大轉彎），是因為當時社會狀況敏感，校方想避免滋生事端。「但這個決定直接激起了學生『愈打壓，愈要反抗』的心態，所以就導致遊行的出現。」

她坦言，他們一眾同學並不是對當日有太多設想和期望的人。她更不覺得一場遊行會帶來什麼改變，只是想藉此機會有多一個平台發

聲，特別是為了當時被內地扣押的十二港人。

當日的遊行路線與新聞報導的無甚分別，尷尬的拍照時段過後，他們眼見有另一群人先行起步，便鬼鬼祟祟地混入較後排的隊伍中。一行人先前往一九年十一月「中大保衛戰」的發生地——二號橋，停留片刻後，遊行人士再步行至原為畢業禮地點的百萬大道，合唱後便逐漸散去。

「我們只是想可以把握難得的機會，出來表一次態，好似行一下就可以令世界沒那麼和睦。」沙說罷自己忍俊不禁，招牌大笑再次出現。

那麼這種形式的遊行，她覺得還有用處嗎？

沙斂起了笑容，沒有立刻回答。「是啊，可能全部事都沒用了啦，但你是不是要連這小小機會都放棄呢？」她認真地問。

她想問的對象，可能不只她和筆者兩人。

沙從沒想過，當遊行隊伍從二號橋浩浩蕩蕩地抵達大學本部時，她會自覺闖進了平行時空——一旁的畢業生會如事不關己般繼續拍照，完全不受遊行影響。明明學生們事前絕無可能不知道此遊行，甚至她已站在他們身旁，但這些人卻能表現一切如常，如常合照，如常燦笑，如常裝作什麼都沒發生。

「就算你說你不遊行也好，但你真是可以那麼心安理得地在一旁拍照嗎？這個我是有些疑問的。」有一瞬間沙甚至覺得，比起校方報警的行為，畢業遊行參與人數低，以及人們在旁邊繼續合照，這些才更似是「中大已死」的狀態。「但當然不是真的這麼想啦。」她又輕鬆地補上一句。

再回不去的畢業禮

事實上，中大學生在畢業禮上表達訴求的文化素來有之，但這次校方反應比以往激烈。起初，沙在遊行當日並沒把校方報警一事放在心上，只因她覺得中大始終算是相對安全的地方。

沙想起了二〇一九年的畢業禮前夜。那個深夜，很多學生為了張貼文宣而出現在百萬大道，保安亦有手持攝錄機拍攝情況。但當晚有個保安曾提點友人，暗示只要學生不在他面前光明正大地張貼，便不會被記錄。因此，她曾認為學生和保安只是身處不同崗位上，但大家仍會為彼此留下和平共存的空間，可惜今日已經物是人非。

「校方以往的處事手法會令我覺得他們只是想撇清責任，與學生之間始終存在某種關係、聯繫，結果原來不是。」畢業禮遊行後，國安處人員在大學保安組人員陪同下進入中大蒐證；親中媒體更放話，指學生在遊行中有組織地「播獨」，有人公然挑戰《國安法》云云……有「圖」為證的她們被捲入滿城風雨中，傳言不斷，此刻她才懂得害怕。

她補充，遊行當日，她們充其量就是在校園走了一圈，並沒影響秩序，更沒令身旁人感到不安，因此連律師都認為沙的情況不太可能構成非法集結。但鑑於現時局勢，任何指控都有可能發生，所以她們仍然在等。

真正踏入社會

沙覺得這次遊行的意義，是令惡法在中大現形。學生們的行為戳破了表面和睦的假象，取而代之是發掘、揭露了更醜惡的事。

「究竟可以打壓到什麼地步，究竟香港的腐敗是到了什麼程度？原來已經去到中大。」

沙愈說愈激動，她覺得若事件最後真演變成大規模清算，那麼她們被捕對世界而言反倒是件好事，政權等同在昭告天下新的界限。

「我們試探新的紅線，我們就是以身來試法。」

最後，警方於十二月拘捕八人，三人另涉煽動分裂國家，事件暫告一段落。沙的語氣陡然沉重起來，她覺得這場久違的遊行好比向湖中投石，在社會所泛起的漣漪，比起昔日行禮如儀的畢業禮更有作用。

隨後，她小心翼翼地添上一句：「但可能是因為那些痛苦不是由我承擔，我才會這麼講。」然而她還是認為，畢業遊行一事根本不應有人被捕。

「我是拿了幾個字走來走去，他也是拿了幾個字走來走去，純粹是上面寫的幾個字不同，大家承受的後果就不一樣。」她續問，遊行是否十分過激的行為？其實好像也不是。

無論多麼壞　好心態

晃眼四年，被問及對中大可有不捨之情，沙連連擺手搖頭。她眼中的不捨，是要建基於這個地方依然如舊。而中大一直在變，好比其黃金時代早已逝去。

「我捨不得的，是我走過的那個時光內的中大，對這個地方的感覺沒這麼強，它不是一個不變的地方。」沙如是說。

中大雖不再是自由之地，但沙仍慶幸能在這裡跟外界一樣「變壞」前真正體驗過校園生活。她更笑說，最近聽聞中大要加設閘機，又半強逼學生打疫苗，頓悟自己走得實在是「好」。

「我知道了這個地方可以有多好，接著才走。」

但變壞，未必盡然是壞事。沙覺得大家每邁進一步，包括畢業遊行在內，都在推快社會崩壞的進程，這裡愈壞，才愈有被重建的機會。我們所經歷的，是無從扭轉崩壞的歷程。「可能未來做到的事會受到限制，但這個時代都會更加需要你。」

「當每一個人都變得更好，更加強大的時候，去到某一個階段，可能我可以背負起的責任更大。或者再行遠些，將來到了某個時間點，因為我們變好，這世界已經變得更好。」

想來沙早已把一切要說要做的，都留在了這個校園，因此才能頭也不回地灑脫離去。

訪問尾聲，筆者問沙可有什麼畢業感言，她前後思忖良久，卻還是說不出話來，只是不好意思地笑笑。

畢業快樂，沙。這裡永遠是你的山頭。

後記

書寫時的情感，有時難以用文字全盤表述。眼見熟悉的地方正在變壞，就此放任一個地方繼續沒落，到底是為了保全有用之軀，抑或只是試圖逃避責任，掩飾我們在不斷讓步，容許溫水煮蛙的事實？

沙說最重要的是牢記這個地方所堅信的價值，始終如一，讓信念能承傳下去，就像中大。也對，島嶼會沉沒，歷史會消失，但只有思想能自由，至少精神永垂不朽。

未來我們擁有的空間可能愈來愈少，但還是要做一個對自己永遠誠實，努力變好的人。終有一日，世界可能亦會隨你我而改變。也許從這個角度去看，你我都會好過一點，比現在快樂一點。

而我們，將在沒有黑暗的地方相見。

---

1 指二〇二〇年八月二十三日，十二名香港人據報於保釋期間乘坐快艇企圖棄保潛逃偷渡台灣途中，被廣東海警局拘捕並送往深圳鹽田看守所扣押的事件。

第 2 章

記錄

一段戀愛，是「尚愛看少女漫畫嗎？」，還是「狄更斯是漫畫嗎？」[1]

兩個人的事，尚有兩段「真相」；七百萬人的事，二〇二〇年卻只可以有一種「真相」。記錄與「真相」不符的人，都有罪，發問的人有罪、寫下真相的人有罪、諷刺的人就更加有罪，支持他們的老闆就更加大罪。

壟斷「真相」的人，不惜摧毀一個電台、一份報紙，以及一個行業——記者。在七二一晚上要求「人話」，在運輸署查冊一個車牌……想不到被記錄的主角，竟是記者。

致一直還在堅持的人，也希望被迫離去的人，能望著更好的地方。

1　兩句分別出自麥浚龍的〈耿耿於懷〉與〈羅生門〉兩首歌，各以男女角度描述同一段愛情記憶。

這，是香港人沒法記錄的故事。

一條 Simple 的問題

2020-3-28

2 | 記 錄

香港現形記

> 提問係記者嘅天職，用「誅心論」扭曲記者嘅出發點，夾硬同台獨扯上關係，絕對係思想審查。

受訪者
相關匿名記者
前港台節目製作人員工會主席 趙善恩

作者
木鳥

前言

二〇二〇年全球受疫情打擊，不同國家及地區以不同方式應對疫情，成效各異，疫情亦令不同政府增加交流，互相參考防疫措施。其中，台灣的抗疫成就被世界注目，國際輿論亦指應該讓台灣參與世界衛生組織，與各國分享防疫經驗。然而，中國曾在世衛大會向世衛施壓，表示在會議中台灣代表不能獨立於中國代表團。

二〇二〇年三月，香港電台記者唐若韞在節目《The Pulse》透過網絡視訊採訪世界衛生組織助理總幹事布魯斯．艾爾沃德（Bruce Aylward），期間問到：「世界衛生組織是否會重新考慮台灣的會籍問題？」這條問題被指暗示台灣為國家並捲入台獨爭議，該節目及記者成為被針對的對象，親中媒體及機構接連炮轟，記者最終離職。

一條問題

二〇二〇年三月二十八日，香港電台記者唐若韞主持英語節目《The

Pulse》，節目中唐若韞透過網絡視訊採訪世界衛生組織助理總幹事布魯斯．艾爾沃德，並與其討論關於輿論指世衛太遲宣佈是次疫情為「大流行」的問題。其後節目提及台灣在去年年尾已向世衛警告病毒人傳人的危機卻不獲回應，並指台灣的感染人數遠低於附近地區，而台灣的防疫工作亦在一場歐盟會議中被認可（在節目中，旁白以「地方」（Place）來形容台灣）。接續，唐若韞問到：「世界衛生組織是否會重新考慮台灣的會籍問題？」艾爾沃德停頓九秒後表示沒聽見，唐若韞表示自己可以重複提問，艾爾沃德則表示不用重複了，直接問下一個問題就好，當唐若韞表示「想問跟台灣有關的議題」，此時艾爾沃德疑似切斷視訊。重新接通後唐若韞問到：「你是如何評斷台灣到目前為止在防疫上的表現？」艾爾沃德則說：「我們已經談論過中國了，如果你看中國各個地區，他們其實都做得相當不錯。」其後感謝記者邀請，主動結束訪談。

節目播出後輿論持續發酵，親中人士指節目借題發揮，刻意炒作「台獨」議題。節目播出後五天，在四月二日，商務及經濟發展局局長邱騰華發稿表示：「該集節目當中表達的訊息，有違『一個中國』的原則及《約章》（香港電台約章）中香港電台作為公共廣播機構所訂明的目的和使命。眾所周知，世界衛生組織成員國均以主權國家為單位，作為政府部門和公共廣播機構，香港電台必須對此有正確的認識，不能偏差。廣播處長作為香港電台的總編輯，必須對此負責。」

時任廣播處長梁家榮表示，港台一直恪守「一中原則」。港台亦發聲明回應：「香港電台審視全集內容後，認為該集節目並無違反『一國兩制』原則，亦沒有違反《香港電台約章》。」然而，事件並未因此而平息。

Too simple, sometimes naive?

四月六日，《香港０１》以「記者發問前 停一停 諗一諗」為圖片標題，針對節目記者提問手法作出評論，文中指：「儘管『發問是記者天職』，記者問的卻不全是『替天行道』的好問題，有的甚至可謂『Too simple, sometimes naive』……」又提及：「這場『港台記者採訪世衛風波』的起源，若不是『問錯了對象』，就是『問錯了問題』。」直接將矛頭指向記者唐若韞。

提及有關批評記者提問的名句，必要數當年張寶華因問江澤民：「現在那麼早你們就說支持董先生，會不會給人的感覺就是內定，是欽點了董先生？」而被江澤民當場怒指她「Too simple, sometimes naive」，並讓此句成為名言。

同日，文匯報以「『保港』促港台炒撐『台獨』記者」為題，報導「保衛香港運動」成員手持「公然煽惑台獨分裂國家　香港電台快解僱唐若韞」的橫額到港台抗議。

發問的自由

通訊局其後去信港台，列明有關該集的投訴，包括《The Pulse》節目呈現方式偏頗、引起觀眾對中國和世衛反感等。信中更罕有引述早前商務及經濟發展局局長邱騰華對《The Pulse》的質疑，要求港台回應。

數日之內，唐若韞成為親中派之針對對象，港台及通訊局接獲大量點名投訴。香港電台節目製作人員工會以「我們已失去發問的自由」為首回應指控，指：「主持只是追問新聞關注點，節目並無違反一國兩制原則，局長卻高調要求作為總編輯的廣播處長負責，只能視為政治施壓。」

一名熟知事件來龍去脈的資深記者認為，唐若韞的提問並無不妥：「沒有不可以問的問題，問題本身是沒有對錯的，就算是看似明知故問，對方如何否認或者解釋，都是給公眾的資訊。本身記者問問題就是要尖銳，有時會令對方不舒服，這樣都是獲得資訊的方式，不然就會好似李臻那樣，連林鄭都笑他的問題沒力度。」

他又指台獨一說抽空了節目的背景，扭曲發題者的原意：「那題目的出發點根本不是那樣，因為當時國際上台灣是抗疫典範，有國家想參考台灣做法，這是那條問題的背景。提問是記者的天職，用『誅心論』扭曲記者的出發點，硬和台獨扯上關係，屈人有暗示意圖，絕對是思想審查。思想審查的可怕就在於他說你是就是，喜歡就扣你帽子，怎樣屈你都行。」

「誅心論」（Appeal to Motive）是指一種「對人不對事」的邏輯謬誤，藉由猜測或質疑提出主張者的動機，而論證其主張或結論不正確。誅心論者往往在沒有事實根據下，自以為理解並詮釋提出主張者的主觀想法及感受，且加以批判。

記者成為被欺凌者

節目播出後，除了官方調查及政府公開施壓，民間對唐若韞的攻擊亦沒有停止。

港台節目製作人員工會主席趙善恩表示：「在港台這麼久以來都好罕有，就是有壓力團體直接點名，要求廣播處長去懲處甚至炒人。起碼有五次到十次，簡直是殺到廣播道港台門口，點名攻擊個別僱員。還有親建制的起底網頁，將記者的中文全名、電話、家人父母的名公開，其實都是恐嚇，有記者亦收到滋擾電話。」

她又指：「我想她的精神壓力好大，可以觀察到有某些組織針對個別記者，他們是嘗試殺雞儆猴，營造恐怖氣氛令到個別新聞從業員要小心言行，或者不要觸怒他們，亦都有同事收過恐嚇信。是一再有這些事情發生，而港台都沒有去支援那些同事。遭到這樣的欺凌，但僱主沒有作出保護，對同事都構成打擊。」

除了投訴、滋擾，網上亦出現大量人身攻擊，攻擊記者的女性身份，以「天使」等用詞作性侮辱，更有親中網店圖文並茂製作不實流言，指唐若韞收受利益及與同事有染等，企圖對她進行人格謀殺。

趙善恩表示：「整體上來講，如果容許同事變得『原子化』，經常容許那麼多件事都是『個別事件』發生，如此公營廣播會變得好脆弱，這是好大的打擊。」

曲終人散

二〇二一年六月七日，通訊事務管理局裁定投訴理據不足，毋須向港台採取進一步行動。通訊局認為節目反映多個觀點，亦無證據顯示對受訪者不公。通訊局收到二百一十宗投訴，包括指記者追問艾爾沃德會否接納台灣為成員的做法偏頗、不專業、具顛覆性及違反《香港電台約章》。通訊局指訪問艾爾沃德的環節中，考慮到訪問的表達方式，通訊中斷後再連線時訪問重點已改變，加上港台已確認訪問中的問答與錄影內容完全相同，並無補拍或剪輯以致艾爾沃德的意見被歪曲或曲解，故沒證據顯示節目對艾爾沃德不公平或令其聲譽受損。

經過一年，事件暫時告一段落。然而，在二〇二一年四月唐若韞已辭去其港台公務員職位，並以賠錢方式提早離職，離職當日哭別港台。

港台節目製作人員工會主席趙善恩亦已於二〇二一年六月離職。

當香港開不起玩笑

2020-6-19

2 記錄

香港現形記

作者
筆從心

受訪者
《頭條新聞》前主持 曾志豪

以前年代諗夠唔夠爆、好笑，而家係諗會唔會中招、出事，嘉賓訪唔訪問得，佢有冇去過集會。

前言

《頭條新聞》於港英年代一九八九年誕生，一直以來都以輕鬆搞笑的手法諷刺時弊，節目主持「小豪子」曾志豪、「太后」吳志森、「林班長」羅啟新深入民心。節目經常批評政府施政失當，高官常被當作挖苦惡搞的對象，時任港澳辦主任魯平、港督彭定康也不例外，但兩人並沒有就節目作出批評。彭定康後來接受訪問時表示，他欣賞《頭條新聞》當年惡搞自己的片段，更指諷刺和幽默這些元素是言論自由中不可或缺。

可是，並不是每個人都有包容言論自由的胸襟，《頭條新聞》一直處於政治風眼之中，不時遭建制派及特首點名批評。前全國政協委員徐四民曾指節目「陰陽怪氣」；董建華因其施政報告被嘲諷為「施捨報告」，斥責節目「低級趣味」[1]。有親中共人士指香港電台是港府轄下的公營電台，該節目卻與公營電台角色不符，經常用公帑「掉轉槍頭」攻擊自己的「老闆（政府）」。自反修例風波後，特區政府對港台態度更是不除不快，《頭條新聞》就率先在諷刺警隊事件後成了「刀下魂」。

《頭條新聞》開播三十一年，多年來不時傳出腰斬節目的消息，終於在二〇二〇年六月十九日正式被抽走。被抽走後會否再復播，大家心裡早有答案，也意味著這個老牌節目正式劃上句號，成為香港歷史的一部分。節目與港人風雨同路數十載，香港昔日輕鬆幽默的環境一去不返，現在「唔講得笑」（開不起玩笑），就連一個節目也容不下。

當諷刺變成侮辱

「講笑包括兩個元素：一是言者無罪的空間，二是置之一笑的胸襟。」做了多年《頭條新聞》的主持曾志豪搖了搖頭，慨嘆這些包容、理解在二〇二〇年一次過消失殆盡。他認為現在開玩笑的定義，已經不是按作者的原意，而是落入被諷刺對象手中，只要對方覺得尊嚴受損就等同詆毀、侮辱。

《頭條新聞》於二〇二〇年二月加入了「驚方訊息」的環節，王喜化身成「忠勇毅」，雙手亦套上垃圾膠袋，再從垃圾桶彈出，暗諷警方。警方於是去信廣播處長投訴節目抹黑警隊及誤導觀眾。通訊管理局最終於五月裁定節目其中一集污衊和侮辱警方等投訴成立：「對警方作惡意的描繪，以侮辱警隊及傳達偏見，暗示警務人員均被視為廢物，遭人厭惡唾棄……」商務及經濟發展局要求港台致歉，港台亦決定檢討及暫緩《頭條新聞》，結果港台六月抽起了節目，播放無期。

「紀律部隊不能講，一講笑就說有惡意甚至乎煽動仇恨。」曾志豪直斥官方總是將問題無限上綱上線，「如果警察做得好，就不會有這個訊息。」《頭條新聞》辱警一事，警方指責節目組沒有作事實求證。曾志豪坦言很多事情根本求證不了，就例如七二一白衣人從何而來、警方是否積存大量防疫裝備等，如果每次均需等待官方事後回應，根本沒有足夠時間去驗證對方行動背後的因由，節目也沒可能完成。待有回應後再「出街」（播出），內容也會變得過時。

《頭條新聞》看似大玩比喻、遊戲等形式嬉笑怒罵，但背後卻認真對待每一事件，「不要當自己講笑，而是處理嚴肅政治新聞。」節目組諷刺時事，會將議題及事件高度概括並提煉背後的「特質」，如同政治諷刺漫畫會放大人物特徵。曾志豪以元朗七二一事件為例，當天警方的確遲了三十九分鐘才出現[2]，他們長時間失去蹤影便是不盡責表現。

當官方版本成為唯一事實

《頭條新聞》諷刺警方後，警方回應時卻搬出了所謂的官方版本，若然不認同就等於不尊重事實，指責傳媒濫用自由。曾志豪明言這舉動根本與假新聞一脈相承，「沒片沒證據證明是做不了結論的，真是有拍膊頭，真是事後走[3]，態度上有信心諷刺警方有錯。」

警方亦被拍攝到協助檢疫期間，穿著比醫護更高規格的保護裝備，脫下保護衣時亦未有妥善處理而備受爭議。警方直指節目中多次隱喻警方積存大量抗疫裝備，並回應這與事實不符，重申警隊一直按實際需要獲發保護裝備。當立法會議員向保安局查詢警方防護裝備存貨量時，保安局亦「收收埋埋」（遮遮掩掩）認為不宜公開披露個別部門防疫物品使用量和庫存等具體資料，以免損害物流署採購防疫物品時的議價能力。

香港電台節目製作人員工會亦曾回應指，當時醫護防疫裝備短缺，警隊獲分派大量保護物資，市民對警方期望自然相應提高。《頭條新聞》將坊間不滿聲音加入節目中諷刺時弊，換來的不是警隊正視批評，而是出言打壓[4]。

官方的說法是否代表正確？在「唔講得笑」的年代，諷刺惡搞的背後要有強大的心臟，隨時承受重大的代價。曾志豪也無奈地為講笑的尺度畫一個框，包括笑的品味、力度和精準度，稍一不慎便被冠上「假新聞」的罪名。有人認為《頭條新聞》只要以純娛樂方式，避開敏感的議題便可以繼續做下去，曾志豪明言現今時代根本沒有純政治或純娛樂，在「泛政治化」的環境下，一切事情也涉及政治，「好似新疆棉花事件，藝人就算好想做娛樂唱歌拍戲，但表不表態都不免已經參與政治。」

當茶餐廳沒有奶茶

《頭條新聞》可以予香港人一個渠道發洩，表達對政府的怨氣，可是現在連發洩的渠道都失去了，「新一代統治者認為不須要讓市民發洩，政權既然沒錯就不須要去諷刺，你生氣是你的問題。」《頭條新聞》生存了接近三十年，曾志豪斷言不是因為節目有趣、主持「生鬼」（詼諧）等外在因素，而是有一國兩制這內在元素的制度保護。節目可否存在，在於政權會否講道理、接受輿論自由。一旦改變了遊戲規則，隨著中央一落閘，香港所擁有的均會消失，這節目也就一擊即碎。

曾志豪直言，正因為香港擁有言論自由，才有《頭條新聞》的誕生，《頭條新聞》被抽走代表香港失去了制度的保護，失去了講道理的理性：「皮之不存，毛將焉附。」

他認為《頭條新聞》能夠給予香港人一種安心的感覺，節目存在證明香港安全，香港人還可以說說笑，也就是「不變」的一種體現。節目消失時，香港人也變得不安，「就好似進入茶餐廳不見奶茶油多，顧客點了三十年，突然間沒了這餐點。餐廳不會做不下去，但就是少了一種安心的感覺。」

曾志豪預視香港未來五年仍處於低壓的狀態，每個人做事之前會反問自己能不能說，哪怕是青少年、烹飪這些輕鬆節目，「以前年代想夠不夠勁爆、好笑，現在是想會不會中招、出事，嘉賓能不能訪問，他有沒有去過集會。」他直指這種創作思維邏輯倒轉了，雖然也會有製成品產出，但一定不是好作品。這樣言論空間會逐步收窄，直至大家適應的地步，慢慢接受。

當港台離棄「小豪子」

曾志豪回想起整個港台生涯，二〇〇一年加入港台，起初只是隨意應徵了節目主持人試試，沒想到從此與港台結下半生緣，一做便二十年光景，更成為香港人的「小豪子」。他由幕後做到幕前，之所以有動力做下去，皆因他覺得港台在傳媒界中擁有最自由的工作空間，「港台不是市場盈利機制下生存，只要你認為對公眾有利益，小眾都可以做。公共廣播是受大眾輿論監督，不會受廣告商影響。」

雖然港台一路走來風雨多，曾志豪的工作能夠親身體會和參與香港人最關心的事，與這個城市互相連結，「雨傘運動那時候去金鐘做戶外直播是突破標記，六四都有試過……」他直言港台人齊心，多年來亦有制度保障，只要講道理便好辦事。

RTHK
香港電台
電視大廈
Television House
DANGER
DANGER

正當李百全大刀闊斧地抽走港台《鏗鏘集》等節目，曾志豪笑言《頭條新聞》已在他上任前消失。曾志豪言除了李百全外，以往歷屆處長都予以他們工作空間，自己的工作崗位亦站在最前線，來自高層的壓力均被監製這道「防火牆」阻擋，「其他機構就沒這樣的防火牆，監製能頂就頂，一路以來都好少聽到這樣不行那樣不行，（節目）出來都是照播。」當節目受攻擊時，也就是香港政治出現問題的時候。曾志豪坦言《頭條新聞》在雨傘運動之後承受龐大壓力，也是香港社會最痛苦的時候，大家對講真話的渴求在二〇一九年更達到頂點，從對《頭條新聞》的殷切關注體現出來。

若要用一個詞語去概括曾志豪在港台二十年的高山低谷，他用了「見證」二字。他的工作見證了香港制度時局變化，港台寬鬆的製作尺度見證了香港的黃金時代。他回憶起二〇〇八、二〇〇九年應該是節目的全盛時期，不單是香港網民會留意《頭條》，甚至內地人會透過微博翻牆去看，「不需要恐懼因講過的話去不了大陸，就算講維權都沒人阻攔，見證香港與中國內地相對寬鬆（尺度）。」

言者無罪，此情此景不復再，曾志豪更覺意興闌珊，「（港台工作）都不知可以做什麼……就好似捧支球隊幾十年，隊徽、教練、隊員全部不同了，同一個球場都覺得好陌生，是球隊離棄了自己。」他打了個比喻，心情就如周星馳在《國產凌凌漆》對袁詠儀說的一句對白：「打打殺殺別來煩我，我寧可去看A片。」

經常聽到有人提議另起爐灶，在港台以外地方弄一個《頭條新聞2.0》，盼能夠東山再起。可是，對曾志豪而言，《頭條新聞》不可能復活，大家只能無奈地接受現實。他認為《頭條新聞》最大的價值，是在公營架構體制內繼續諷刺政府，反之在其他平台沒法承載港台製作節目的環境，「公眾看到的身份影像不同，商業機構理論上講什麼都行。」以港台這個身份說出來的故事才彌足珍貴，象徵的意義無可取代。

當傳媒真的死了

常說「樂壇已死」，是指既定大台僵化的思維。但只要努力創新也有闖出新天地的一日，今年正正是不少歌手新血加入，為整個樂壇帶來了新氣象。可是，傳媒這個行業，曾志豪形容已經死了一大半，雖然有新一代的傳媒人努力打拼，甚至用「自媒體」的存在企圖殺出血路，但他始終對傳媒前景不感樂觀。「樂壇再努力可以吸引聽眾，但傳媒努力吸引讀者之餘，還會吸引 Big Brother，（傳媒行業）已經不知怎樣著力。樂壇已死可能是不夠努力創新，傳媒是反過來，就是因為太努力太創新所以變成這樣[5]。」

「有心人繼續做但未來趨勢不好，書本教育我們的第四權對權力監察，已經不被政權認同，餘下只有因循式報導或者娛樂，就好似有電視台未有官方回應之前，主動將高官醜聞下架[6]，只是想做準確傳聲筒，而放棄監察政權的功能。」

面對這不樂觀的時勢，被問及會否勸阻新人不要投身傳媒行業，曾志豪直言這是個人決定，但必須要認清楚現時入行做傳媒有明顯的壞處：紅線多、危險性高、工資低。他形容入行就如買一支風險大增、股價狂跌的股票，當自己想獲得更高成就的同時，風險亦隨之而來，每個決定要想得很仔細。

不過換個角度來看，現時投身傳媒的人必定帶有使命感，很清楚知道傳媒的工作內容。他們是最堅毅、能吃苦、抗逆能力高的一群，不會為工作而工作。曾志豪苦笑道有這樣「灰灰地」（心灰意冷）的想法，可能是因為年老。他不希望打沉後來者的意欲，並盼在青春之年的新傳媒人，即使面對這樣的香港也不要死心。

《頭條新聞》已經消失，「小豪子」與「太后」亦走進了歷史，角色所代表的香港環境、精神一去不返，大家只能永遠懷念。曾志豪言

兩個角色有幸成為香港社會其中一部分，亦是節目值得自豪的地方，他未來唯有在不同崗位之中繼續嬉笑怒罵，用不同的方式延續角色，「永遠都不要屈服在謊言之中。」

「繁星流動，和你同路……由一九八九啟播，從不相識開始心接近，《頭條新聞》曾經低趣味、陰陽怪氣，但始終都是以幽默的方法去表達，節目充滿正能量，難得知心幾經風暴，為著我不退半步，正是大家的支持。主持：做了很多年但還未換的吳志森、曾志豪、羅啟新。」這段文字寫在港台網站《頭條新聞》的簡介上，不知道將來會在什麼時候被抹去……

後記

時代遽變，不少人為香港前途感到唏噓，腦海不自然會彈出「移民」這個念頭，希望逃離這陌生的香港，曾志豪也不例外：「由之前沒想過，到想到好大內疚，現在想想都無妨。」不過，時至今日，走或留對他來說，已經不再是一個選項，因為兩個抉擇分別不大，根本解決不了香港的問題。唯一可以做的，就是這場球踢下去，裁判一日未吹哨，不要主動離場。

曾志豪離開《頭條新聞》後，在港台主要工作均是主持休閒娛樂類型的節目。他坦言自己不是想被保留的一群，不會期望可以在港台多做三五七年。這次訪問面談是五月份，他當時更打趣道在訪問出刊前，或許自己已經離開了港台。

沒想到，六月十八日，曾志豪完成主持電台節目《瘋 Show 快活人》後被高層約見。港台以節目將會推出「復刻版」為由，更換原本節目的三位主持，意味曾志豪、貴花田及程振鵬不再主持此節目。曾志豪正式被「解僱」，他的港台生涯也告終結。曾志豪認為主持們口碑載道，可是卻被港台無理解僱，這種變動有違常理。曾志豪早就有心理準備離職，沒想到打壓來得這麼快。遺憾的是，他二十年港台工作生涯，直到最後也沒機會正式向聽眾道別。

此時此刻，或許前路一片漆黑，唯有見字飲水，「能令世界改變的初心不變／你我都未枉命中這一戰／會看到那天／要看到那天／我信有那天。」[7]

---

1 二〇〇一年，時任《頭條新聞》主持林超榮扮演阿富汗塔利班武裝分子，形容董建華的施政報告如同「施捨報告」，批評政策小恩小惠，董建華隨即反擊指節目內容「低級趣味」。

2 元朗七二一事件中警方接報到場時間版本各異，由當時警方回應指三十九分鐘，到後來監警會指出三十五分鐘。而事件發生超過一年後，警方再次將警員接報到場時間重新定義為十八分鐘。

3 在元朗七二一事件中，多家傳媒機構拍攝到南邊圍有防暴警員與白衣人「搭膊頭」片段。警方聲稱當時防暴警員推白衣人指令其離開，又指動作被扭曲成搭膊頭污衊警方。可是，新聞片段中有不少白衣人聚集，部份人更手持長棍，惟當時防暴警員沒有向白衣人採取行動而備受爭議。

4 執筆之時，記協已為《頭條新聞》司法覆核案籌措法律費用，並認為通訊局的決定限制港台製作節目自由，大幅縮窄香港媒體諷刺時弊空間，故提請司法覆核，要求推翻通訊局決定。案件於二〇二一年六月七日在高等法院開庭審理。

5 港台高層決定停止港台節目參加任何本地及海外比賽，並要求各活動主辦方撤回已提交參賽作品。惟《視點31》主持利君雅和《鏗鏘集．7.21 誰主真相》編導蔡玉玲仍獲得「人權新聞獎」，而港台表示拒絕領獎。

6 NOW 新聞台主管陳鐵彪要求抽起香港警務處國家安全處處長蔡展鵬涉光顧無牌按摩店的新聞，並稱需待警方正式公布才可作報導。

7 《頭條新聞》最後一集點播給香港人的〈自由之夏〉。

每日（還有）壹蘋果

2020-8-10

2 | 記錄

香港現形記

作者
可樂妹

受訪者
蘋果日報記者郭銘
攝影記者阿年

——報導初選，佢一樣可以話你有份策劃組織（顛覆政權）。——

前言

在香港當一個記者，沒想過有一天會說：「自我審查？現在當然有啦！」

《國安法》自去年七月一日實施後，壹傳媒毫無懸念成為國安處重點打壓的目標之一。壹傳媒會否倒閉，不少人心中有數，大抵跟社會運動一樣，大家「撐得了多久算多久」。

「若無其事」地撐了一個多月，終於壞消息在八月十日毫無預警下來臨。警方以涉嫌違反《國安法》第二十九條勾結外國或境外勢力罪及欺詐罪等，拘捕壹傳媒創辦人黎智英父子三人及四名集團高層，逾二百名警員更於當日早上十時直闖位於將軍澳工業區的蘋果日報大樓，蘋果瞬間變成「案發現場」。

八月十日，每名進入蘋果日報大樓的員工，必須登記身份證及職員證，並交上電話及地址等個人資料；警員還擺出一副「押解疑犯」的態度，押送員工回座位，讓《蘋果日報》記者郭銘（化名）頓感難受，亦感震撼。「那日看同事直播，看著差佬上來。二百幾個差佬踩入一

個傳媒，在這個相對文明的地方是開先河。之前沒想像過，亦都沒有風聲，同事當然會擔心會怕，因為你不知他們想幹嘛。其實距離我上班時間還有幾個鐘頭，但我就覺得『公司要人』，多個人在場就可以據理力爭，他們搞同事的東西都可以喝住他。」

然而，挾著《國安法》狐假虎威的警察，何來「喝得住」？

弱勢記者

警方手持的搜查令，早已列明不包括新聞材料，可是警方視這份法庭文件的條文如無物，強行翻閱記者桌上的新聞材料。郭銘回到公司，就知道自己亦是其中一名受害者，「我桌面有《國安法》條文的文件，真是不知他揭開來做什麼。為何我會知道他們有揭開？因為他們沒有善後囉，就攤放在那邊！這個行為好 Disgusting……那些法例他都看不懂的啦！（但他 Suppose 是要看得懂？）他也 Suppose 要用腦

啦！」此外，郭銘桌上的財政預算案文件，雖則是公開資料，但內裡有關警方用公帑買武器的篇章，警員亦不放過。

郭銘當記者十多年，坦言「沒想過會這麼有切身之痛」，當年入行只是認為弱勢群體需要記者，並沒有想到要為自己維權。這十多年來，卻讓郭銘看到政權及社會愈來愈不公義，「我由民生新聞做起，發現掌控的人是當權者，他們沒誘因要達至公平社會，後來愈接觸政治新聞，愈覺得沒出路。」

記者的天職是追求真相，為人民發聲，可是記者現在卻要為這行業吶喊，為自己維權。郭銘說，一浪接一浪的壓迫，並非無跡可尋，第一波是警方在反送中示威集會現場針對傳媒，「見到你是《蘋果》

記者就說你阻差辦公。」第二波，則是有關警暴、反送中的報導刺激到政權神經，「他搬了條法律紅線出來，（香港電台節目《鏗鏘集》前編導）蔡玉玲就是例子，查冊都會告，這樣他怎麼會不告我？」第三波，政權再以《國安法》來打壓異己，「報導初選，他一樣可以說你有份策劃組織（顛覆政權）。」

記者的自我保護

無國界記者組織每年都會評估一百八十個國家和地區的記者狀況，香港於二〇二〇及二〇二一年均排名八十，亦是有統計以來的最低排名。事實上，自反送中運動開始，警方多次去信《蘋果日報》，對報導以至遣詞用字指手劃腳、說三道四；近期更稱一些報導為「假新聞」，又多次提及支持就規管「假新聞」立法，北京及港府亦提出香港媒體要「撥亂反正」云云。

在這低氣壓下，「自我審查」無可避免變得合理。

「自我審查，當然是有啦。這個自我審查還不是我上司 Instruct 我，而是我主動問上司。例如宣揚投空白票是犯法，那我們可不可以變陣，去探討不投空白票的選舉意義是什麼；又例如有些相片是有所謂違反《國安法》的口號、標語，我們可不可以用另外一些相片去表達某個角度？」以往，記者承認會自我審查是行業忌諱，深怕會影響公信力。郭銘今次則認為，記者在報導上並沒有作假，只是也要避免不必要地跌入《國安法》陷阱，結果不得不如履薄冰、步步為營。「我們的工作不是首先去挑戰條紅線，出了什麼事，封了壹傳媒，還可以拘捕你，還押不給你保釋。就算有些人鬧（自我審查），我都沒輕易動搖，大家明白這個時勢不要輕易送頭，這些事不是外面的人去承受，而這些事是早已經發生、是真實……我從來沒想過做記者要考慮安全，但如果這個時間還不想就太天真。」

的確，我們生於自由的年代，曾幾何時還天真地相信法治，相信《基本法》，相信我們有言論、新聞、出版的自由，相信有結社、集會、遊行、示威的自由，相信有組織和參加工會、罷工的權利和自由。今天，這些「自由」成了國際笑話。「我們真的沒言論自由，言論自由是Bullshit。我們現在找受訪者都好難，首先是十個有八個在坐監或者還押，餘下的就不願意講，不想上鏡，大家都不知有沒有風險，會擔心被人Locate出來。有些好Minor的新聞都好難做，例如想訪問老師，都是講最溫和的事，但可能光這樣他就會丟了工作。他要承受個結果，我一樣會難受。現在Sensitive到一個點，是你不知那條紅線怎麼劃。」

發聲少數民族

更艱難的是，訪問郭銘期間，《蘋果日報》正正傳出消息，指警方會在今年六四或七一前夕「動手」，取締《蘋果日報》，甚至拘捕記者。有人決定離開，亦有人覺得「做得多久做多久」，郭銘則是留下的其中一人，「只能夠繼續做下去，因為香港需要記者。」家人同意嗎？「我會覺得……欠了家人。本來他們不應該一齊承受風險跟恐懼，但家裡人會收藏（情緒），不想你難過。他們亦從來沒叫我不要做這份工作，只是叫我要小心，沒講其他。以前做記者，他們會擔心你窮死，現在就擔心你有風險。」

同樣面對去留兩難的，還有攝影記者阿年（化名）。「那日搜蘋果，我已經有心理準備，只是沒想過這麼快……之前同參加初選被檢控的民主派四十七人做訪問，他們有些講到自己做好了些什麼準備，現在回想就好唏噓。好多香港人以為尚未輪到自己，其實要什麼時候才醒？」

回想當天警察殺入攝影房，幸好未算大肆搜查房間，但寒蟬效應已令人心寒，「家人都有問我不如別做，不如轉行……但我覺得我沒做錯事，為何要走，為何要怕？」不過，阿年亦「預演」被捕，像交代「後事」一樣，叮囑父母：「如果差佬上門找我，就說沒見過我，因為不是一齊住，說不知我去了哪邊。如果我被捕，你就當不認識我，你們同我老婆走。」

《蘋果》的記者，有一種特質叫做「邊鬧邊做」，「《蘋果》的人好奇怪呀，每個都鬧公司，天天都OT（加班），或者這張相又說不合用，那條片又說不夠Shot（素材），個個都是唉唉叫，但又好拼命地去做。放假都回去完成那些訪問，又或者是去到反送中現場，大家都會走到最前，想拍個真相給公眾知道。因為這裡的人真是好想做好新聞。」

若最後「僥倖」逃過一劫，還會「冒險」當攝影記者嗎？「我都有想過，如果《蘋果》被人查封，我都會轉行，除非你是想要乖乖地，不幫人發聲。傳統傳媒還有得做，不過你要聽話囉，七一拍什麼？拍國旗囉。」

自閹可恥，但很有用？

2020-9-9

2｜記　錄

香港現形記

作者
E 君

受訪者
阿琛
阿細

> 條紅線一直都存在，關鍵只係大家有冇曾經嘗試去觸碰。

前言

「煲電視，追 Netflix」，成為近年的主流娛樂模式，電視已死，彷彿已成事實。正當香港電視業陷入危急存亡之秋，二〇二〇年《港區國安法》宣佈實施，電視業究竟是走向滅亡，抑或是乘勢醞釀新時代？在紅線的限制之中，渾然而生的是創意，還是故步自封？被標籤為

「CCTVB」的TVB與被戲謔為「黃屍台」的ViuTV又如何應對這種「不可抗之力」？

阿琛從事電視行業十多年，熱愛電視製作，見證著TVB近年的改變。對於國家級的紅線，他坦言對公司影響不大：「大家都知TVB紅底的嘛。」因此，無論是劇集或綜藝節目，同事們都不會觸碰「抗爭類」主題，彷彿這是一個死亡禁忌。而二〇二〇年九月，《愛．回家之開心速遞》的「五一手勢事件」，在他眼中，則是一個開在錯誤時空的玩笑。

二〇二〇年九月九日，TVB處境劇《愛．回家之開心速遞》第九百九十三集播出。在一個辦公室場景中，出現了一對黃色手套，其中一隻手套五指張開，而另外一隻手套則舉起一隻手指，看起來就像

喻意「五大訴求，缺一不可」的「五一手勢」。事件被網民揭發後，引起「藍絲」不滿，更揚言要罷看該劇。TVB 表示會調查事件，並嚴肅處理、不容忍類似事件發生。對於這場風波，曾參與製作《愛．回家之開心速遞》的阿琛笑指：「應該是貪玩罷了。」

中指變五一

「其實那個是舉中指的手勢，絕對不是什麼『五一手勢』，不過你知道啦，TVB 紅底的嘛，紅底就自然會給大家圍剿啦，講到真是『五一』的樣子，搞到公司被迫處理，於是那個導演就背鍋，最後離職。」

對於導演離職的意願，阿琛就表示：「那就一定不是自願的。」說罷隨即戴上頭盔，笑說：「我都是聽說的啦，是公司用《國安法》壓他，不離職的話就用《國安法》來整他，那當然是選自己走啦。公司一定是要找人背鍋的，Justin（該集導演）那麼愛 TVB 怎麼會是自願啊！他到今日都還幻想可以回 TVB……」

阿琛不解的，不只是 Justin 的離職，更是「紅底公司」的自我審查竟然存在如此漏洞。「公司有這麼多部門，但都沒人發現這個問題，然後出了事，大家就說要由個導演背鍋，我覺得是有點無辜。」同一個玩笑，如果放在另一個時空，或者放在另一個電視台，或者放在另一個國度，應該會有不同的結果。

紅線存在之奧義

《愛・回家》這處境喜劇，弄錯處境，在更早以前，其實已發生過。

「有次個劇本是講搞工會，最後改成了搞福利會，有些東西當時已經即時重拍了，但重拍之後都說太敏感不能播，要暫時抽起，好似隔了大半年才播出……其實整件事是好搞笑的，是講『屙尿權』，講公司不給你屙尿，要成立工會，同公司對抗，又講沒人權，又講罷工，當時都有拍出來。」

阿琛補充指，當時正值是二〇一九年，整個劇組也受社運影響。「這樣公司就縮起來了，想避開這些敏感的主題，其實我不覺得有什麼……那條紅線一直都存在，關鍵只是大家有沒有曾經嘗試去觸碰。而原來我好早已經觸碰過了，所以就知道它是真實存在。」

這紅線，是猶如靈體一般的存在。或許真正碰上了，才能真切體驗當中的奇幻。

紅色的正義

對於製作電視劇集，阿琛所抱持的宗旨是「邪不能勝正」，這亦是TVB的一條不明文底線。

「曾經有個 TVB 高層跟我講，作為一個免費電視台，每一日都有人緊盯著，受眾那麼多，如果你教人們『原來做壞人是可以贏的』，就等同宣揚叫人不用做一個善良的人。我當時聽完都覺得好合理，覺得免費電視的確是要導人向善。」

對於何謂「正」，阿琛表示在 TVB 的框架中，已存在標準答案。「因為內地好明確，一定要警察是『正』的，不然就賣不到大陸……而監製的考量一定是要賣到片，目標一定是要賣到大陸，因為是最大的市場。有多少老闆可以不考慮這個市場？其實你一間公司那麼大，你一年做一兩套不外銷的，真正本土的東西，我不覺得是多大的損失……現在這樣我覺得好可惜。」

導人向善的紅線，帶你走向的，會否就是美麗新世界？

電視自閹企画

眼前的紅線大道，「黃屍台」走的卻是一條「特別的路」。

ViuTV 於二〇二〇年二月二十九日首播《二月廿九》，劇中隱藏大量「黃色符號」：「缺一不可」、港島遊行新聞照片、電子鐘上出現 0721、0831 等時間。而在對白設計上，也有對抗命運的暗示。該劇的編審黃智揚亦曾創作 ViuTV 的「抗爭神劇」《教束》，在正值社運熾熱之時，以「逆權學生反擊戰」引發港人反思。

這對於部分香港人來說，或許是一種心靈安慰劑。

「看的時候好有 Feel，明的人就一定會明。」阿細曾活躍於二〇一九年的社運，同時也是 ViuTV 的忠粉，《教束》、《二月廿九》和《花姐 ERROR 遊》等都是他的最愛。然而，這個「黃屍台」有時也會讓他陷於「唔知佢想點」（不知想怎樣）的疑慮之中。

「雖然這個台有時有些東西會好『黃』，但都會怕它突然又跪低，之前二〇一九年年尾那套《黑市》就惹禍上身，宣傳照有『光復香港』、『時代革命』、『黑警死全家』這些，搞到要出Post跪低兼割席，說那張相片是由第三方提供……但沒想到它之後都還敢測試底線，Mike導那套《美女郊遊遊》都看到我好激動！」

所謂的激動，其實是一種複雜的情緒。「我記得大結局那集是講『香港保衞戰』，看到我眼濕濕。之後還見到它們官方有個IG Post是重溫阿Dee講邱吉爾那段『We shall never surrender』的宣言，但過一陣那個Post就消失了。明明是歷史來的，這樣都要刪走……是有些不解，不知高層是不是開始有壓力。」

在阿細眼中，《國安法》實施後，ViuTV明顯變得比以前「穩陣」，甚至有「自閹」傾向。二〇二〇年十一月，由鄧麗欣與 MIRROR 及 ERROR 主演的《男排女將》便成為自宮的範例。

劇集播出後，神探般的網民發現劇中出現「強行配音」的情況。原本女主角鄧麗欣的對白口型是「攪炒」（玉石俱焚），正式播出的配音對白卻是「玩大佢」（玩大點）。更有網民從劇中校章上的英文字推考主角們的學校名為「香榮光」，然而校章上的中文字早已「被處理」，真相至今仍被隱藏在厚格之內。

阿細形容這些舉動都屬「自閹」，難免會失望，但卻表示理解。「不撐它難道撐 TVB 嗎？如果這個台玩大了，真的犯法，到時就什麼都沒了啦。龍門現在根本就任他擺，隨時都會中伏，小心點都好。只要時不時給我們些甜頭，好似『ERROR 系列』那樣，我就已經好滿足。『自閹』，某程度上其實都是一種保護，保護好那班 CLS 的幕後，我明白的。人無事才能做到世界冠軍嘛，我自己是這麼想。」

而同時身為電視製作人及電視精的阿琛，對於 ViuTV 的「踩線」行為，則認為相當合理。「ViuTV 其實沒做錯，它只是在找它的生存空間，它不可以跟 TVB 一模一樣嘛，一樣的話給鬼看嗎？真是好現實的問題。它也不算是踩界，只是在它的生存空間裡面，好好發揮自己的創作。而它的生存空間，本身就好狹窄。」

「自闔」，是一種自保，同時也是一種賭注，賭的是觀眾對電視台的信任。而這信任所承載的，是一種希望，一種看似能讓人熬過黑夜的力量。

電視是一種娛樂

「我不期望 ViuTV 表態說自己是『黃』，我都明白免費電視台是要相對中立，但至少它可以是一個平台，令一些被視為禁忌的看法或者歷史事件，有被呈現出來的機會。雖然現在看電視的人是少了，但仍然有人會透過電視去了解這個世界發生什麼事，而電視節目應該要反映的，不就是這個時代正發生的事嗎？」在電視娛樂中，阿細尋找的是共鳴感。這種「同步率」，就如駕駛EVA（新世紀福音戰士）一樣。

而阿琛所秉持的「電視娛樂」，定義卻不太一樣。「為何《愛・回家之開心速遞》收視紅過其他劇集？因為好多觀眾回到家是想放鬆，不是看些那麼沉重的東西，想嘻嘻哈哈，沒腦似的開開心心，電視有時候真是需要這樣。我不認同將太多社會上負面的東西擺到劇集裡，簡單講便是社運，因為會挑起情緒。這個社會已經夠撕裂，你再擺上去，其實好敏感，大家情緒會不好，我不認為電視劇適合做這種事。」

娛樂，在ViuTV爆紅的綜藝節目《ERROR自肥企画》中曾嘗試作出定義：「娛樂的目的與意義，單純就是娛樂本身，是『Amusement』，是陪伴、是安慰。」

然而，不同的人，需要的陪伴和安慰也不同。而電視節目本身，就可以有好多種。

只是，活在紅線的恐懼之中，電視節目究竟還可以有多少可能性？

或許，帶住勇氣與智慧，就是看見黎明的生存之道。

LV755

Journalism is not a crime

前言

二〇一九年七月二十一日，元朗站發生「白衣人襲擊事件」，大批穿著白衫人士有組織地手持竹枝及鐵棍等武器，在雞地及港鐵元朗站無差別襲擊途人和列車乘客，導致多人血流披面。該批白衣人被認出有鄉事或黑社會背景。這場暴力襲擊的爭議點在於警方的角

2020-11-3

2 | 記錄

香港現形記

作者 木鳥
受訪者 蔡玉玲

色及處理手法，包括在襲擊期間將警署「落閘」（關門）無視報案，事後警方以「看不見攻擊性武器」草草回應事件，讓市民再次嘩然。《鏗鏘集》團隊以調查報導形式試圖還原當日真相，包括逐間商店訪尋當日閉路電視錄像重組事件經過。除了發現警方對事件的回應與錄像呈現的畫面不相符，亦發現車輛 LV755 負責運送當日襲擊途人的竹枝，證明事件是有組織地進行。負責《鏗鏘集・721 誰主真相》一集的編導蔡玉玲透過查閱汽車登記紀錄試圖找出該車輛持有人，以進一步了解事件。二〇二〇年十一月她卻被控兩項涉及查閱汽車登記紀錄的「虛假陳述」罪，最終被裁定罪成。

蔡玉玲不僅成為香港首位因查冊做新聞報導而被法庭裁定罪成的記者，亦是「721 白衣人襲擊事件」首位被定罪的人。

二〇二〇年十一月三日中午十二時半，自由身記者蔡玉玲在荔景住所工作時，聽到門鈴響起。開門見到五名便衣警員，其中一名女警員說：「新界北重案組，現在要因一單案件拘捕你。」

「什麼事？」

「要進屋才可以講。」

「我要先換件衫。」

警員在不到一分鐘內再次按鈴響，催促開門。

我已經被捕了

在這數十秒內，蔡玉玲由驚愕的情緒抽離，進入了處理事情的狀

LV755

態。大概多年的記者訓練讓她在任何情況下也能沉著觀察，包括能旁觀自己。她穿好衣服，冷靜地再打開門。

警員進入屋內，正式作出拘捕，告訴她罪名是「為取得道路交通條例下的證明書而作出虛假陳述」，並出示法庭裁判官發出的搜查令。蔡玉玲表示要聯絡律師，並在律師在場下才開始搜查。

等候律師期間，蔡玉玲不能使用手機，她不回應警員任何試圖打開的話題。五個警員站在屋內，圍著坐在椅子上的蔡玉玲，默不作聲。

十五分鐘過去，門鈴響起，警員開門發現門外不是蔡玉玲的律師，而是時任《鏗鏘集》監製李

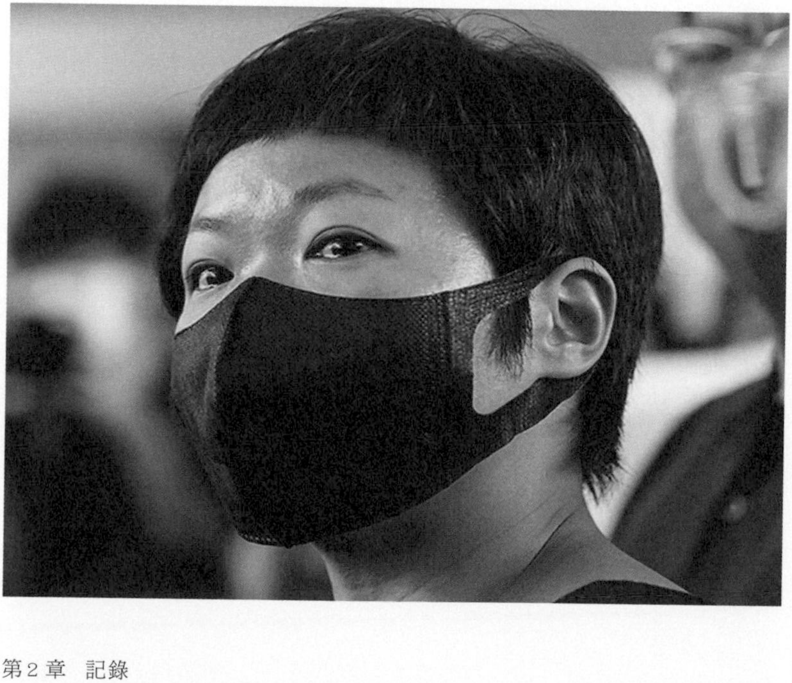

賢哲，以及港台公共事務組總監王祿霞。原來拘捕的風聲已漏出，外面卻仍未知所因何事，各界記者陸續趕到現場。

門打開的瞬間，蔡玉玲看著李賢哲，語氣肯定地說：「我已經被捕啦。」警員立即阻止三人交流。

憑合作多年的默契，一句話的語氣和她的眼神已讓李賢哲明白，她這次被捕與港台工作有關。

律師到場後與警員澄清搜查範圍，警員打開不同的櫃桶、衣櫃、翻了她的銀包，並取出一個背囊、兩部電話、工作證以及卡類，估計這些證物是為證明當日上門採訪及查冊的是她本人。

LV755

香港電台以案件進入司法程序而拒絕她參與節目製作。除此之外，即使蔡玉玲作為合約服務提供者，因工作而被指控，沒有任何管理層與她聯絡及提供任何支援。

蔡玉玲說：「我會期望傳媒機構有它的風骨，如果認同你記者做的一個報導是符合公眾利益，它有好多方法可以幫我，但沒有一個管理層找過我，由頭到尾最高級就是Doris（王祿霞）。」訪問當天，王祿霞及李賢哲均已因管理層干預製作而向港台辭職。

準備上庭的日子，蔡玉玲如常爬山、回家吃飯，最難面對的是她的母親。

某天蔡玉玲回家吃飯，阿媽心疼地對她說：「你如此用心盡力做好這件事，看看現在什麼下場，人家打完齋不要和尚。」

說到此，蔡玉玲的眼淚湧下來，語氣卻一直保持平靜，繼續說下去：「要做到像港台如此仆街，是好難得的。」

我不認罪

根據調查報導習以為常的做法，查冊是最基本的一步。翻看得來不易的閉路電視片段，發現當晚多輛私家車接載白衣人到場。蔡玉玲看到 LV755 車輛在鳳攸北街出現，並有一群白衣人圍過去，從車上取出竹枝。蔡懷疑該車與事件有關，於是上網進行查冊。

公眾可在運輸署網頁申請車輛證明書，並勾選申請車輛證明書以作的用途，包括進行法律程序、買賣車輛或其他與交通及運輸有關的事宜。蔡玉玲當時勾選「其他與交通及運輸有關的事宜」，以及勾選了表示資料屬實的聲明。

《鏗鏘集・721誰主真相》節目內，播出記者透過查冊，尋找所有當日接載白衣人的車主的過程，揭露其中幾輛車的持有人是村代表。而當中被拍到用作運送及分派竹枝的白色車，登記車主為某所公司，地址則是另一所公司。記者詢問下，職員表示不知情。後來一名自稱LV755「車主」的人士致電回覆，表示該車是幾年前朋友轉讓作中港貿易生意，只是沒有轉名。他向蔡表示不清楚事情如何發生，只知當時駕車的司機是誰，至於他用這輛車做什麼他無權過問。尋訪過程及對話在節目中播出，為保障私隱，節目內所有車牌及公司名稱均已作遮蔽處理。

這名人士在《鏗鏘集・721誰主真相》播出翌日，以「車主」身份向警方報案，指《鏗鏘集》侵犯他的隱私。

蔡玉玲說：「首先，那是一部運送武器的車，有人來報警，你可以拉我，但是不是應該都調查為何他會運竹枝到現場？同暴動有沒有關？但我又見不到有這一部分，我覺得荒謬的點是這個。」

蔡玉玲被安排在拘捕後兩星期內便提堂，配合了此條例需在半年內作檢控的限制，讓她更明顯地感到事件背後的政治操弄意味。

一般而言，案情較輕的案件可以透過認罪協商，爭取機會撤銷控告，不需要經歷審訊和判決，而蔡玉玲說：「認罪是沒可能發生，我寧願輸，都不會認罪，輸就輸都沒辦法。」

蔡玉玲被控「為著取得道路交通條件下的證明書，明知而作出要項上的虛假陳述」罪，這罪的最高刑罰可判處罰款港幣五千元及監禁六個月。

上庭前，蔡玉玲再安慰阿媽說：「不會坐監，最多都是罰錢罷了。」

其實她心中真正的想法是：「正常就不用坐監，但現在好似都不太正常。」於是她列出清單，寫了爸爸養老院的繳費事宜，住所的租金水電瓦斯等，放在一個信封之中留給《鏗鏘集》的同事。她說，看著清單，原來人生都不是很多東西很煩。萬一要坐牢，最要緊的東西有人處理，已經感到安心。

案件於二〇二一年三月二十四日在西九龍裁判法院開審，在庭上，她聲線堅定地說：「我不認罪。」

Journalism is not a crime

很多時法庭會以能否證明當事人「有做」一事件而考慮裁決，而蔡玉玲與法律團隊打從一開始便不爭論「有沒有做」這件事，而是以法律觀點去辯證這個行為並沒有罪。

由於這是首個案例，在庭上，控辯雙方主要爭論採訪查冊是否與「其他交通及運輸」有關。辯方相信「有關交通及運輸的事宜」是相當籠統的字句，有理由相信一輛汽車在路上運送武器，是必然屬於與交通及運輸有關。

為顯示涉案車輛運輸武器的片段，庭上播放了《鏗鏘集》完整節目。當片頭音樂在法庭響起，法庭外直播觀眾席的港台同事傳來一陣苦笑和低語，「沒想到是在這裡看片。」

控方援引其他條例，引證條文的立法原意，指確認登記車主身份這目的，並非與「交通及運輸」有關。經過雙方數小時的詳細陳述，主任裁判官徐綺薇宣讀裁判理由，表示接納控方觀點，指採訪與報導的用途並非與「交通及運輸」有關。

聽到此處，蔡玉玲心知結果已有定案。

裁判官徐綺薇繼續宣讀裁判理由：「本席認為，被告人是否本著良好的動機索取並非重要……」

聽到此句，蔡玉玲的眼淚開始湧下。為了不讓人察覺她哭泣，即使眼淚已浸濕了口罩，她也沒取紙巾拭擦眼淚。

徐綺薇宣判，蔡玉玲「虛假陳述」罪名成立。宣判一刻，庭內庭外多位記者同事哭泣拭淚。中文大學新聞與傳播學院院長李立峯撰寫的求情信提到：「蔡玉玲是一位非常優秀的調查報導記者。在新聞學中，調查記者向來被稱為『良心的守護人』和『民主社會的偵探』。」聽到這裡，蔡玉玲終於脫下口罩，用紙巾拭淚。

求情信續指：「在是次案件中，蔡的『查冊』行動是調查報導工

作的一部分。報導涉及一件極重要的新聞事件，讓公眾得知或至少較為貼近事件真相，是新聞界的責任，報導服務的是公眾利益。本人希望法庭在判決時能充分考慮被告無私的動機、調查報導對公眾的重要性，以及蔡玉玲個人正直誠實的品格。」

裁判官聽取求情後即時判刑，兩項控罪合共判罰款港幣六千元。

散庭後，蔡玉玲在眾多同事、行家及市民聲援下會見傳媒，她哭說：「這兩年能夠用《鏗鏘集》編導的身份，去做《7・21》這兩個報導，是我的驕傲，我引以為豪。」

她又用英文回應外媒提問：「Even though I was found guilty, I firmly believe that registry search is not a crime, I firmly believe that journalism is not a crime.（雖然我被判罪成，我堅信查冊不是罪，我堅信新聞無罪。）」

結束後她收拾心情，致電阿媽說：「沒事啊，結束了，罰錢而已。」一班《鏗鏘集》同事陪伴她到西九海旁飲酒談天，說說八卦，不再講判決事宜。

她說：「這是業內朋友的體貼。」其實當天蔡玉玲正在考慮是否上訴，認真思考是否要繼續為此案消耗心力。當刻，她主要為家人考慮，阿媽當然是希望事件完了便好，擔心她強出頭會影響人身安全。

「其實社會對這件事有判斷，覺得我無罪的人都覺得我無罪，覺得有罪的也不會再改變看法，整件事不再同我個人名譽有關，上訴結果只是對業界的影響。」

蔡玉玲說，一開始被人告是被動接受這個擔子，但上訴是個人主動的選擇，而她選擇不放下這個擔子，繼續為業界抗辯。她與法律團隊提交了上訴申請。

開端的其中一個開端

反修例運動後，港澳辦副主任張曉明曾發表指香港的亂象主要因為「國家安全處於不設防狀態，是國民教育難以推行，是充斥於媒體的對國家的各種負面報導。」

蔡玉玲說顯而易見港府在一年來積極整頓這三大範圍，「你見《國安法》已經立竿見影，改考試課程、整頓媒體沒停過。我的被捕，只是開端中的其中一個開端的其中一個部分，我這案是其中一個警告媒體的行動。」

香港新聞自由加緊收窄，業內人士都在思考如何在新形態中發揮傳媒作用。蔡玉玲申請了哈佛大學尼曼獎學金（Nieman Fellowship），將於今年秋天到哈佛大學進修一年，研究獨立及調查新聞媒體如何在獨裁政權下生存及發展。

留有案底的蔡玉玲不能申請無犯罪紀錄證明書（俗稱良民證），正在研究如何取得簽證前往美國。

蔡玉玲說她進修後會回來香港，「但一年後不知怎樣，如果是在國外講新聞自由，算不算勾結外國勢力呢？《國安法》下紅海處處，好難想到究竟做什麼、不做什麼會有坐監風險，所以便不想那麼多了。」

對談期間，筆者與蔡玉玲早已淚眼相對，筆者本想說：「別坐監啊，包包（蔡玉玲的花名為蔡玉包）。」然而想了一想，還是把話放在心裡。這場訪談以一個無聲的擁抱作結。

留下來的人

2020-12-1

2 | 記錄

香港現形記

作者
Rosie

受訪者
有線記者阿天
Brooklyn

> 有人選擇離開作為抗議，畀大家見到佢有幾差。我選擇留低，嘗試同佢哋 Fight。個目標係一致嘅，大家都係想新聞界好。

前言

香港有線電視自二〇二〇年十二月的裁員及總辭後，上司為了維持新聞部的運作，為留下來的阿天和 Brooklyn 加薪，同時聘請了許多新同事，多為沒經驗的大學生。「舊有線」同事想守住水準，只好每天超時工作。

港聞記者阿天每天工作至少十二小時，這種生活自二〇二一年年初起，過了快四個月。昔日一起在有線新聞部打拼的同組同事及前輩沒了四分之三，他和四個前線記者、兩個採訪主任迎來了「新有線」。但觀眾對「新有線」顯然不買帳，除了「Cut有線」以抗議粗暴裁員，臉書上更出現戲謔有線電視的專頁，網上也有人留言批評留在有線電視工作的人都是吃人血饅頭。

新有線或新香港，留下來或走出去，也是一種包袱。

二〇二〇年十二月一日，阿天和 Brooklyn 上早班；阿天的手上還有「一隻故仔」（一則新聞）要趕，他憂心這可能是他的最後作品。趕

工的同時，公司門外守著一批「行家」，意味此處將有新聞發生。

皇牌抗議離場

十一時正，公司公佈裁員名單，約四十個新聞部員工正式被辭退。當中最令人震驚的，是專門做調查報導、皇牌節目之一的《新聞刺針》被殺組。另一皇牌中國組，以及港聞組，均有裁員。

數十名員工圍在新聞部高層辦公室門前要求交代，阿天也有份。新聞總監之一的陳興昌抵不住同事的憤怒，說出一句：「現在是爛仔講數（流氓講價）嗎？」然後把雙手叉在胸前。

最終，同事們的氣憤沒換來高層合理解釋，中國組率先全組總辭抗議。到了黃昏，港聞組十六位採訪主任及記者辭職，佔港聞組約四分之三。有線新聞部，如海嘯，如山崩。

但阿天和 Brooklyn 並不在港聞組辭職之列。起初，阿天覺得既然港聞組只裁兩人，只要大家留下，仍可以跟高層抗衡，加上因為個人收入考慮，認為疫情下無法一時三刻就轉工，故選擇先留下。他亦坦言：「覺得（個人考慮）是自私的。」Brooklyn 本來簽了辭職信，但有感事情太突然，「想好好同份工講再見。」於是把信擱置。但眼見大部分同事去意已決，他們深知「沒得做」。

有線寬頻同日發聲明指，面對疫情挑戰，須積極開源節流，故調整各部門架構和人力資源。但裁員後，新聞部人手嚴重不足，高層不停請人。阿天形容為「填人頭」，最終有線大換血。

其實早在八月、《國安法》生效後一個月，《有線新聞》已換過一次血。新聞部靈魂人物、多年前親手創辦《新聞刺針》的資深傳媒人馮德雄由執行董事改任顧問，李臻、陳興昌出任新聞總監，謝燕娜為副總經理。其後許方輝加入有線，同樣任職副總經理。四人中，李曾任Now、無綫及有線三台主播，陳曾任亞視新聞及公共事務部副總裁，許由無綫跳槽，而謝本來是有線英文台的主管。他們被視為「空降」，其後更被戲稱「四人幫」。

「四人幫」的能力一直受質疑。裁員翌日，網上流傳一條短片，李臻在訪問特首林鄭月娥時，被林鄭反問：「問得這麼Mild（溫和）？」林鄭又說：「難怪我新聞秘書說，好合作、好合作，好配合、好配合。」反觀，裁員後辭職的採訪主任林妙茵，於二〇一七年訪問當時為特首候選人的林鄭，林妙茵問林鄭的其中一個問題是：「你會否在此莊嚴承諾，不讓西環（中聯辦）沾手香港內部事務？」林鄭沒許下承諾，僅稱有事發生時，可展示其取向。

大換血之後

新入職的同事，多數是仍未畢業的大學兼職記者，阿天認為他們的能力，與往日的全職記者相差甚遠，甚至有人英文水平不足以理解高官在記者會上的英文問答。

以往能入職有線的，多數是新聞系學生，經過聲音測試、面試，成績好的會獲選為實習生，其間表現良好的留下當兼職，待畢業後轉為全職。阿天說，以前全職同事有一半以上是實習生出身。Brooklyn 直言：「削弱一個 Newsroom（編採室）方法有好多……整個裁員事件，跟著下來客觀事實就是不夠人、記者好 Fresh，同時沒有想法。」

另外，新的採訪主任加入，阿大指他們有的未曾做過電視台，或者有任職無線、亞視的經驗，但有線的風格獨特，新舊班底在磨合期曾多次爭執。他舉例，每次高官發言，新同事傾向直接轉述，「我們 Cable 一向是要想多一步，是不是有什麼可以展示出來反駁，官未必是對的。」「（新同事）好似只是幫個官傳達，沒有引導觀眾去思考。」

在自己的崗位戰鬥

舊班底七人決定，每天的早夜更，至少要有一個舊班底當值。他們既要教導兼職同事，「教他們想下怎樣抓好 Angle（新聞角度），做好故事、用好畫面與精警 Bite（金句）。」又要確保播出的報導，盡量貼近有線的水準，「有時見採訪主任改完，都會過去講我覺得故事不應這樣寫的。」自此舊班底成為新聞部主力，每天決定新聞編排的早會由他們主導。他們的工作量大增，導致經常ＯＴ（加班）。

「外面好多人盯著，想看你們 Cable 怎麼死。」阿天和舊班底同事每天都怕有「大甩漏」（紕漏），幾個人要互相補位，「每日回到家都虛脫，坐下就睡著。」Brooklyn 每月至少銷假一兩次，因為「不夠人、不信任」。

很多人擔心有線裁員後，會成為政權喉舌。阿天透露，電視台有清談節目，曾經有建制派嘉賓錄完節目後，高層會親自「落場」寫稿，讓那些嘉賓發言，「沒什麼新聞價值，純是給他們 Airtime（曝光）。」

「幸好我們有編輯把關。」他們負責報導播出前的最後把關。「我們有潛規則，完全不播就予人口實……如果我們播了一次，都是播了。（編輯）衡量新聞重不重要，不是好重要就播一次，Apps 有上（載），就算啦。」

裁員後獲加薪，被批吃人血饅頭。阿天回想，二〇一九年年初曾一度想離職，不過因為反修例運動爆發，「激發了我想在這行做多一陣。」阿天反駁批評聲音，指他入職多年，薪金只比大學畢業生多幾百元，認為加薪是合理對待。

「日日有人跟我講，別這麼上心……我每一日好努力的去做事，我真是仍然好喜歡做新聞。」「有採訪主任離職前提醒我們，在不同重要崗位上都要插旗。將那些權力或工作攬上身，即是我們成為主力、成為個膽，令所有事都要靠我們。」於是舊班底在離職同事以往負責的採訪範疇逐一補位。

「（舊班底）盡量每一日，或者 Most of the time，都想做得比友台好看。就算不行我都要打成平手，我不會眼睜睜輸給它。至少我確保每日做的，都不會讓他們（高官）講廢話、官話。」

阿天認為留下的人好勝，但不否認電視新聞比以前弱，甚至覺得有線新聞永遠回不去以前的水準。

「盡做」的掙扎

不過阿天肯定的是：「留在這間公司的價值，仍然高過你離開。」

「因為它（政府）現在要將自由記者排除在外，令你去不到記者會質詢……或者官員不做你的專訪。因為你是獨立記者，因為你沒牌頭。但我們有大氣電波，我們有個名，就是電視台記者。」既然政府不能放棄大氣電波來傳遞訊息，「我可以做訪問，可以去質詢他們，我仍然做好我的角色。」

「有人選擇離開作為抗議，讓大家見到它有多糟。我選擇留下，嘗試同他們 Fight。目標是一致的，大家都是想新聞界好。」

撐了四個月，走也不甘心。這一刻的阿天，沒有打算離職。

另一邊廂，Brooklyn 的電腦中，仍保留辭職信的檔案。為何遲遲不遞辭職信？「好單純，我就是喜歡在這裡做新聞那個感覺、那個空間。」

那麼當時撤回辭職信還有其他原因嗎？Brooklyn 想了又想，說：

「假設我們覺得，這（傳媒）是一個武器，是不是要拱手相讓予人？」

「這裡的資源是一個武器，我們是不是應該要守？」

「好白痴的想法，但我是這麼想的。」過了四個月，想法仍一樣嗎？

他靜了十秒。

「會發現有點不切實際。（因為好累？）是。（有沒有後悔？）沒有。」Brooklyn 計劃一年後離職。

後記

執筆之時，移民離港成為民主派支持者的熱門話題。初選案四十七人之一的劉穎匡，傳來獄中書信，呼籲港人要抵抗移民潮，否則香港對政權而言只會更易管治。此話一出，隨即引來大量批評，有人認為劉要人在極權下坐以待斃。

移民的人多會宣佈離開，不移民的人如果煞有介事地宣佈留下，或許突兀。小至一個新聞機構，還是放大至香港，每天都有人考慮「去或留」。有線記者總辭抗議的勇氣，得以在鏡頭前展示。而留下的人所面對的、心中所想的，總想問個究竟。

同時也想記住，城裡許多人以離開明志，但仍不乏決意「留下來的人」。

無期

2020-12-31

2 | 記錄

香港現形記

作者
可樂妹

受訪者
蘋果日報資深記者阿良
蘋果日報資深記者 Francis

我係唔會對《國安法》下嘅法庭有信心，
《國安法》係為佢哋呢啲人度身訂造。

前言

「我可能以後都見不到他。（以後？你對法庭沒信心？覺得不會放出來？）是呀，是『以後』。我沒信心法律會還他公道，我是不會對《國安法》下的法庭有信心的，《國安法》是為他們這些人量身打造的。」《蘋果日報》資深記者阿良談起老闆「肥佬黎」黎智英時，盡是無奈。

二〇二〇年的最後一日，終審法院三位《國安法》指定法官，決定受理律政司的上訴，肥佬黎再度還押，只因「無法證明」自己未來不犯罪。

自反修例運動前線勇武抗爭者開始被捕、走難，加上疫情肆虐，街頭示威逐漸冷卻。惟大抓捕從未止息，不少和平示威者去年起開始被秋後算賬，黎智英更因為參與和平遊行而被控非法集結，二〇二一年四月及五月被重判入獄。截至五月底，他的刑期合共監禁二十個月。「截至」二字，說來沉重，皆因他還背負著爭取民主自由的《國安法》「罪名」，更不排除律政司會繼續加控，現年七十二歲的「肥佬黎」，

似是歸來無期。

無法預知的過去

肥佬黎的人生本來就充滿傳奇。小時家貧，十二歲偷渡來港當黑工，後來白手興家創業，先後創立「公明織造廠」和佐丹奴，一九九〇年將持有的佐丹奴股權出售，創辦壹傳媒。鏡頭前，我們見過他每年參與六四、七一遊行集會，二〇一四年更親身參與和平佔中運動，五年後的反送中運動非暴力遊行中，亦不難見到他的身影。在民主路上，他對選舉、社會運動的政治判斷，有時亦跟新世代出現分歧，但往事如煙，今眾人身陷囹圄，同路人的所謂差異，彷彿已變得沒那麼重要。

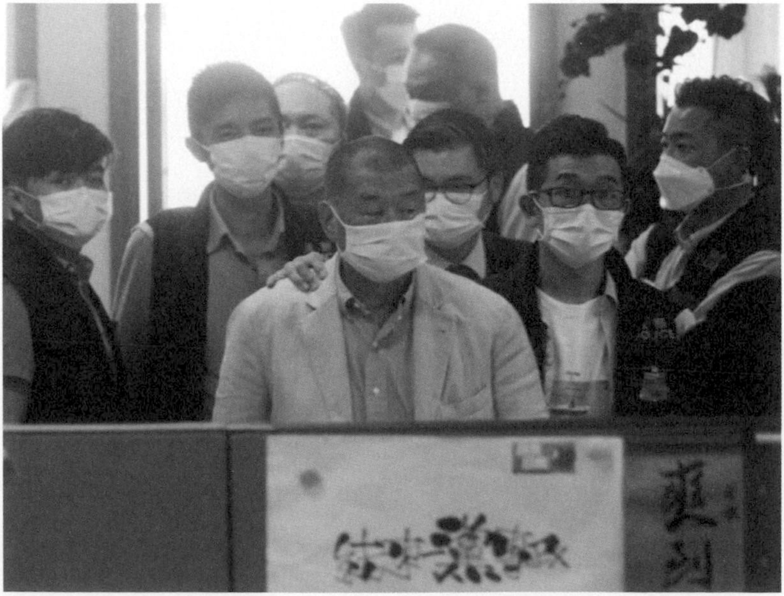

鐵欄杆後的他，現在只能由與他共事的人現身說法。

在壹傳媒工作的人，總會聽過肥佬黎的「傳聞」，例如：「不知幾時會激怒他。」「開『鋤報會』（即檢討新聞內容的會議），（與會者）講得不好又炒，不講話又炒。」員工對他的印象通常是喜怒無常、「好反覆」。

只是飲食男女

在阿良眼中，最能夠與肥佬黎打成一片的，是〈飲食男女〉的同事，講飲講食，肥佬黎最受用。「我覺得黎智英是好傳統的人，他認為在飯桌上同你們談公事最好。在那個環境下，大家講什麼都會

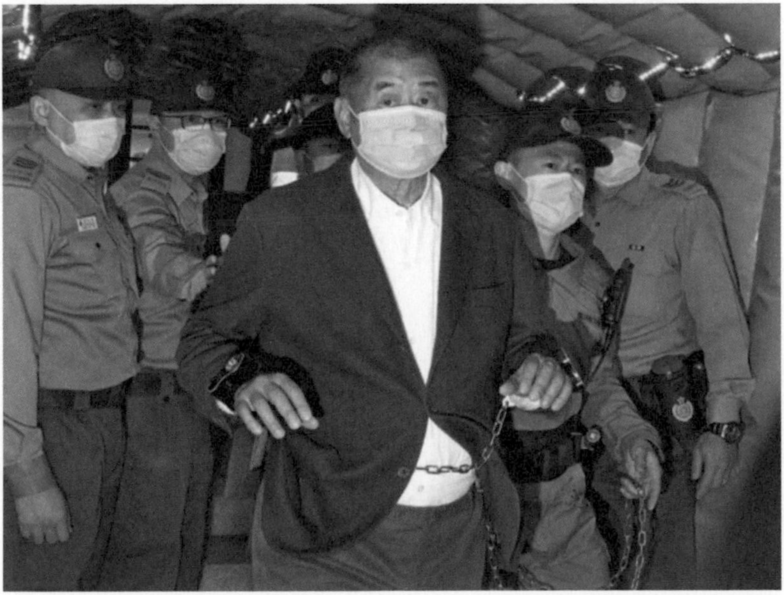

Free 點，不像困在公司房間的 Round Table 那樣談事情，沒那麼緊張。他幾乎每種食物都可以講一個故事。」

可是在監獄中，可能再沒有太多食物的故事。還押人士可以透過親友訂購指定餐廳的「私飯」，雖然飯盒的選擇不多，而且冬天的飯盒還會變冷，但總算能吃；而在囚人士則只能吃那些淡而無味的公家飯菜，雞翅比手指還要小，有時飯菜變酸變壞也投訴無門。對於饞嘴又習慣了食好住好的肥佬黎來說，去年底還押到今年四月正式入獄服刑，由食物改變到探訪時間和次數減少，這不止是肉體的苦行，更是心靈的修煉。可每個探訪肥佬黎的朋友，帶出來的訊息總是樂觀積極。

寧為囚犯　不做契弟

前《蘋果日報》副社長陳沛敏曾於去年年底到荔枝角收押所探望肥佬黎，並在專欄寫道：「我一味問他的近況，他一味說ＯＫ，吃喝睡覺都習慣了，叮囑我們叫外面的同事不用擔心，做好新聞。」」「佔中三子」之一的中文大學前教授陳健民也曾前往探訪，肥佬黎當時又說自己是活在上帝恩典中。

肥佬黎說過，出售傳媒業務會「一世做契弟（王八蛋）」，員工大都是「聽住先」（聽聽就好），反正商業世界沒人說得準。當走難或移民潮早在二〇二〇年初湧現，有錢佬如肥佬黎本可把壹傳媒賣掉再一走了之，不用受苦，他卻選擇留下來，讓不少員工包括阿良感震撼。「有些人會建議不如跟肥佬講講，勸下他啦。其實他這麼聰明，用不著同他講。」在被捕到還押之間「相對自由」的時間，阿良觀察到肥佬黎行為上的轉變：「他每個星期寫好多文，又會 Retweet 好多東西，看得出他好心急想講一些話。這是八月十日（警方大規模搜查壹傳媒及拘捕黎智英當日）之前見不到的。」

重民意　重 Hitrate

北京和港府一直視壹傳媒和黎智英為眼中釘，欲除之而後快。壹傳媒的敢言，對當權者來說是作對，所有賬就算在肥佬黎頭上。「但我從來不覺得《蘋果》走得有多前面，肥佬黎講過，《蘋果》千萬不要走最前面，亦不要在最後，要在中間。意思即是不要以為自己好厲害，可以影響到民意。政權以為有些民意是《蘋果》帶出來的，但如果不是有民意支持，《蘋果》是不會帶任何東西出來的……某程度上我們是 Free Rider。」阿良這般形容，是因為他覺得肥佬黎認為民意大於一切，壹傳媒只是一個載體。

可是也不得不承認，肥佬黎對於政治和民主自由，是有很鮮明強烈的立場。於是外間也會認為，肥佬黎創辦壹傳媒，報導方向無可避免會有肥佬黎的影子，即使肥佬黎不插手運作，也會有高層揣摩老闆心意；而一個媒體要在競爭中生存，「呃 Hitrate」（騙點擊率）、討讀者歡心，以生意角度似乎又絕對避不過，結果報導質素有時參差得很。

另一《蘋果日報》資深記者 Francis 說，同事在背後鬧公司、鬧上司是必然，也會跟採訪主任爭論報導角度，甚至可能有人「恥與為伍」。過往的確有不少報導備受爭議，「《蘋果》是有好多仆街的事，但我未去到要辭職。他做老闆，他的一些政治判斷、想法，我都不認同，我是偏左膠，他是右膠，那些吹捧川普的新聞我都不認同啦，但沒什麼辦法，我們是知道有個影響力叫做肥佬黎囉。」

話雖如此，不過絕大部分時間，壹傳媒記者的自由度相當高，亦是記者留下來的原因之一。「我們可以做好多自己想做的故事。例如一些民生新聞，鄰組寫的角度是對弱勢社群不公平，我覺得不對，第二日又走去做另一個 Angle，照 Sell 給上司，又真是照刊出喔。是呀，外面的人會覺得這份報紙是精神分裂。」

與肥佬黎共事多年，Francis 直言從未當肥佬黎是偶像般崇拜，不過由肥佬黎將坐監當成修道，同樣是天主教徒的 Francis 的確對他另眼相看：「我覺得他真是一個見證，神在他身上行了些事。他這人是『午時花六時變』（善變），一時又說報紙有得做，一時又說不做，但在民主路上，他又真是堅持到底，生意人來講，他都算是異類。」

肥佬黎對民主自由的堅持和犧牲，的確感動不少香港人。當肥佬黎被捕、還押、坐牢，香港人就用訂閱、買報紙、下廣告、買壹傳媒股票力撐（題外話，連前特首梁振英也自揭是壹傳媒的小股東……）。有素未謀面的市民在法院外排隊數小時等聽審，審訊完畢又會追囚車，大叫：「黎生加油！」還未計一大堆市民送上的打氣書信……

Francis 也做過「追車師」，見證著肥佬黎去年十二月初遭還押，到平安夜前夕獲准保釋回家，律政司一方上訴，終審法院最終裁定不能保釋，肥佬黎漫長的監禁生活於除夕夜正式展開。「有同事見到我們的頭版相是肥佬黎扣上手銬，會哭出來。」

Francis說她唯一一次「當場哭出來」，正是除夕當日聽審，「本來以為會ＯＫ，當然理性上會覺得什麼都有可能發生，但怎知最終真是要關回去……我見到他的家人好失望，肥佬黎都好down。我哭不只是因為他還押，還因為我覺得整個司法制度變成這樣。肥佬黎是有錢人，還可以打到上終審法院，都要折騰這麼久……我是為整個香港而傷心，好多情緒Mix在一齊，我都分不清……」

恐懼漫天

壹傳媒被打壓，肥佬黎被收監，其實也是香港人追求民主自由的縮影。Francis分析，打壓壹傳媒、收編媒體，是中共對港政策的一部分。

「〇三年（五十萬人上街反對二十三條立法）開始就一直收緊，去到今時今日就是犁庭掃穴，要收拾公民社會。傳媒版塊開始出事，《蘋果》是重中之重，還有港台。」而公務員、教師、政黨、社工等，亦無一倖免。

「大家的恐懼是好實體，整個司法程序可以變成這樣。回歸前都是沒民主但有自由，但原來自由不是那麼堅實，轉個頭就沒有了。我們沒有什麼東西可以依靠，連未被定罪的人都要面對這麼長時間的還押，快必（譚得志）是在網台發言或者街頭宣講都可以以言入罪，還押這麼久，好多事香港人都覺得好陌生。」

直視恐懼，實在知易行難。Francis 有否見過肥佬黎恐懼？「他做一些外媒訪問，已經講了他準備為香港坐監，不會離開香港。如果他有情緒波動，都是關於家裡人。其實好多人最難受都是跟家人有關。他之前保釋出來，有跟同事吃過飯，他都好似沒什麼事的樣子，還說赤杜監獄好過荔枝角收押所。」那時的肥佬黎，原來還天真地認為和平遊行示威的非法集結罪會判緩刑，「因為他覺得是差佬做錯事。他這個判斷……都好特別。」

避唔到一齊捱

二〇二一年五月，保安局首次行使《國安法》凍結資產的權力，凍結肥佬黎持有的壹傳媒股份以及其三間公司的銀行帳戶財產。壹傳媒集團則在月底刊發公告，指「凍結令」對黎智英向集團提供的未償還股東貸款無任何影響，而截至三月底，集團的未經審核銀行及現金結餘逾五億元，足夠支撐集團營運至少十八個月。

事實上，由肥佬黎被捕、入獄，壹傳媒內部亦有動蕩，員工少不免擔心個人風險以至往後生活需要。更召開了會員大會，向高層提出質詢，甚至提出「疏散方案」，先遣散員工作出補償等。內部聲音兩極，有人離職，有人留下，有人坦言做報導會自我審查，以免跌入《國安法》紅線。留下來的 Francis 認為，《蘋果》不會節節退讓，「當然不會變成《星島日報》！如果有一日我的上級叫我不要寫六四，我就真是會辭職囉！講到尾都是盡做，如果被取消報刊註冊，那用其他名義行不行？我們的 Library 放上雲端又行不行？都會想下還有什麼方法可以做好它。」

對比台灣、韓國、緬甸、泰國，或甚中國大陸、歐美大國，香港人的抗爭經驗其實少得可憐。當白色恐怖來勢洶洶，我們正學習如何梳理自己，如何面對。「民主派初選被控的四十七人當中，我見到還押的何桂藍說，不要當獄中的人是受害者，坐監是運動的一部分。當他們都仍然用他們有的空間發聲，我如此幸運還有一個崗位，以後就要做好它。四十七人案，我們還要好好記錄發生的事，那我怎麼會自己走，怎麼會想公司倒閉？」

記者想做下去，可惜時勢不容許。這個訪問是在今年五月進行，一個月後，警方於六月十七日以「串謀勾結外國勢力危害國家安全」罪名，拘捕壹傳媒和《蘋果日報》高層及新聞工作者共五人，並再次大肆搜查壹傳媒大樓，撿走數十台電腦及多箱「證物」，及正式起訴壹傳媒前行政總裁張劍虹、《蘋果日報》前總編輯羅偉光及《蘋果日報》相關三間公司，凍結公司一千八百萬元資產。二人於十九日在西九法院提堂，案件押後至八月十三日再訊，二人當日未獲保釋，被還押監房。剛於六月二十日渡過二十六周年生日的《蘋果日報》，亦因資金出現問題，被迫於六月二十三日停刊。

停刊後，政權的打壓未有停止。七月二十一日，再有四名《蘋果》高層被捕或撤銷保釋，包括前執行總編輯林文宗、前副社長陳沛敏、前英文版執行總編輯馮偉光（筆名盧峯），及前主筆楊清奇（筆名李平）。均被指涉及「串謀勾結外國或境外勢力危害國家安全罪」，翌日上庭不獲保釋，即時還押。

第 3 章

傳承

有一種說法，父子習慣踏出第一步的腳，都是一樣的。

兩代人，不一定是外形的相似，反而在生活習慣、想法、口頭禪，以至於小動作，總不自覺地潛移默化，慢慢傳承下去。但這一代香港人，和下一代，也許會有點不同。

何謂歷史，何謂香港，何謂通識，內容和定義在這一年前後，已經變得不同，而對內容的理解和詮譯，相信差異將會變得更大。

其實，踏出第一步的是左腳，還是右腳，也不相干。反之，香港人向前踏出第一步的勇氣，才是二〇二〇年不斷被壓抑的理因。

這，是香港人沒法傳承的故事。

History Always Repeats Itself

以前讀歷史成日追求真實感，
而家就清楚感受到咩係文化大革命。

2020-5-22

3 | 傳承

香港現形記

作者 婷
受訪者 張 Sir
Miss Li

前言

歷史，總給人沉悶刻板的印象，或許曾令你懷疑為何要瘋狂背誦已過去的事。但在張 Sir 的回憶裡，歷史故事是兒時與爸爸的親子時間，陪伴他和弟弟進到夢鄉，亦伴隨他的高考歲月。在中學任教歷史快七年了，他從未想過，心愛的科目會引起滿城風雨。「在香港教育歷史之中，從未有教育局局長評論文憑試其中一科的試題分題，完全出乎意料……」張 Sir 看著試題，明明是歷史科很常見的評論題。

「1900-45年間，日本為中國帶來的利多於弊。」你是否同意此說？試參考資訊 C 及 D，並就你所知，解釋你的答案。

——香港中學文憑考試歷史科考試卷一必答題第 2C 題

二〇二〇年五月十四日，上述試題引起《大公報》、《文匯報》等親中媒體報導，《環球時報》的標題指：「試題引導學生做漢奸?!」同日晚上，教育局發表聲明，斥試題：「附帶極為片面的資料，致試題具引導性，考生可能因而達至偏頗的結論，嚴重傷害了在日本侵華戰爭中受到莫大苦難的國民的感情和尊嚴。」

任教中學近十年、畢業於歷史系碩士及學士的 Miss Li 同樣感到意外。「朋友傳來教育局的聲明那時，我還以為是假新聞。」

Miss Li 憶述當天電話內的老師群組自中午就響個不停，紛紛討論試題，校長亦問及她的看法。「我不覺得試題有問題，讀歷史的考生就會知回答評論題時，需要引用正反雙方的歷史資料加以分析。試題由一九〇〇年問起，當時日本未侵華，清廷憲政改革的確如資料所指受日本啟蒙；同時，學生如果忽略或只基於『日本侵華』作答都會非常低分。」

憑著過往對史學訓練的認知，加上考評局是備受國際認可的獨立法定機構，擬卷制度經過史學專家、前線老師、審題員等專業判斷，張Sir 與 Miss Li 和很多香港人一樣，當時都篤信一切只是輿論。

八日篡題

五月十五日凌晨，考評局發聲明表示十分重視教育局及外界意見，將嚴肅跟進處理，但強調歷史科考試仍未開始閱卷程序，目前不適宜評論試題。教育局局長楊潤雄下午召開記者會，直指題目沒有討論空間：「答案只有弊，不會有任何利。」要求考評局取消試題。

五月十六日，新華社批評歷史科和通識科試卷近年頻現立場偏頗，令人懷疑相關涉事人是否利用考試對學生進行「滲透式洗腦」。

五月十八日，考評局委員會召開會議，會上未有定案。同日晚上，教育局再次施壓，表示行政長官可以就《香港考試及評核局條例》向考評局發出指示。特首林鄭月娥於翌日表示不會迴避行使權力。

香港教育專業人員協會馬上諮詢教師的意見，收獲二百六十八名前線中學歷史老師（佔全港約 26.6%）實名填寫問卷，結果顯示 97% 老師不同意取消該試題，93.7% 認為資料選材合適，96.3% 認為題目符合考評局歷史科評核大綱的評核目標，89.9% 不認為題目引導考生須以指定立場作答。也許在教育局眼中，問題正正出在這群老師身上，調查沒法阻止試題被廢。

五月二十二日，考評局宣布經過考評專業課程、考生利益等考慮，委員會認為試題的設計偏離課程學習及評估目標，易使考生在短促時間內作出偏差或片面的演繹及回答，未能貫徹文憑試按指引處理敏感議題的原則，決定取消相關分題，並決定按考生在試卷中其他題目的表現作估算分數，同時決定試題會從題庫內刪除。分題佔全卷八分，約五千二百名考生受影響。

「教育局應該是專業的代表，指責試題已經不合理，還因為一句『民族情緒』就要取消試題，理據何在？」Miss Li 難以置信，氣憤得翻閱史書，就連毛澤東亦曾指日本侵華令中國人團結起來。

僅僅八日，一錘定音。張 Sir 忍不住叩問：「有沒有尊重過歷史科的專業？連改卷員都沒被諮詢，亦從未翻閱學生的答案。」學生的利益在八日內也沒有被討論過：「這條是必答題，學生可能因為較熟悉題目而策略性花了較長時間作答，取消試題好影響學生的整體成績。」

委員會之亂

以往的檢討機制設於派發成績後，邀請任教該科的老師討論試題，這次卻只由委員會（成員包括中小學校長、商界及工業界專業人士、受政府委任的代表家長利益等人士）全權決定試題的生死，令人質疑委員會下決定的準則：「感覺是非專業的力量干預專業的決定，完全違背歷史教育的原則。」張 Sir 說。

歷史教育的三大原則：

「第一，歷史科相信任何事情都可以被討論。即使是『事實』，我們亦會抱著科學精神，難保日後有新的證據或者史料構成新的史實。」

「第二，根據史料表達想法，不能純粹我同意或者我反對。我們會找回當年的記錄，審視其可信性和出處，拿出證據來。」

「第三，當討論曾對不同人帶來傷害的史事時，我們要代入當事人的感受，認真對待，但絕非避而不答。過去發生多次戰爭，歷史教育的價值是以古鑑今，探索如何化解衝突和撫平傷痛。」

張 Sir 字字鏗鏘，令人恍然歷史並不是「吹水」（閒聊打屁）科目，其教學使命令人肅然起敬。參考教育局修訂的《歷史科課程及評估指引》，經過三年史學訓練的中六生應能「掌握詮釋及分析歷史等高階思維能力」、「辨識偏頗的觀點及主觀資料」及「提出合乎邏輯的歷史論點」，並非教育局的聲明所指：「能被輕易引導。」

「我都注重歷史與現世的聯繫，例如中一教希臘民主那時候，我會問學生，在當今的香港可行嗎？」張 Sir 的歷史堂裡，充斥著滔滔不絕的熱切討論。

而令 Miss Li 愛上歷史的一刻，是中學歷史老師預備的「六四週會」。「以前覺得歷史好遙遠，打仗的死亡人數只是數字。但當老師找來好多一手史料，例如片段、文字與相片，還提起我們可以參加每年的六四晚會，我第一次感覺同歷史有關連。」現代是過往歷史的延續，傳授歷史的方式影響下一代對社會的認知。或許正因如此，歷史試題才變得如此敏感。

文化大革命 2.0

試題引起爭議的翌日，知名國際關係學者沈旭輝博士在社交媒體直指，批鬥歷史試題猶如文革初年姚文元批鬥歷史劇《海瑞罷官》，標誌文化大革命的重來。「我覺得試題事件不是文革 2.0，過去一年整個教育的『清洗』才是。」Miss Li 說。

二〇一九年《逃犯條例》修訂引發年輕人積極參與抗爭運動，有建制人士及中國官方媒體歸咎於通識教育「教壞年輕人」，特首林鄭月娥亦形容教育不可以成為「無掩雞籠」（自出自入，無管制之意），整頓教育界的暗流湧動。

截至二〇二〇年三月底，教育局共收到一百九十二宗有關教師可能涉及社會事件中「專業失德」的投訴，包括參與社會運動、曾在課堂或個人社交媒體中發表仇恨言論、散播帶「港獨」色彩的訊息等。教育局已向十四名教師發譴責信及八名教師發出警告信。「教師」彷如脫不下的身份，當私人生活也被監察和批鬥時，他們在課室裡更感焦慮，白色恐怖不斷蠶食教師與學生之間的信任。

「反國教的時候，老師非常敢言；雨傘運動的時候，教師還在學校搞講座；到反修例運動，『篤灰文化』（告密文化）下沒老師敢公開發言。不只同事可以『篤灰』，老師還面對學生與家長，我們不知學生會如何理解我們的言語。」Miss Li和張Sir都感受到外間的壓力。「教師會擔心自己的一言一行受政治氣氛牽連。」張Sir嘆言。

談及秦始皇的獨裁統治會否觸動學生的神經？文化大革命、六四還能教嗎？「我從來都沒想過自己有一日不敢在課室講六四，現時真是不敢，風險太高。」在Miss Li任職的中學，過半的學生都是內地跨境學童，令她教近代史時有所卻步。

何況這次取消試題，猶如為考評局日後的擬題劃下「紅線」。「要自己猜那條『紅線』在哪邊，還隨時會變。」在緊迫的課程編排下，她相信老師亦可能減少談及「不能考」又高危的題目——有關中港關係或近代中國的歷史。

當自己成為歷史的見證人，她更明白以往史事的來龍去脈。「以前怎麼會懂『林維喜事件』引發鴉片戰爭，直至見到陳同佳都可以引發反修例事件，就恍然大悟。」她繼續自嘲：「讀歷史整日追求真實感，現在就清楚感受到什麼是文化大革命。」後隨一聲苦笑。

An iron curtain has descended

教評取消試題後，有學生嘗試入稟（提告）高等法院，作「最後掙扎」。

六月三日，應屆考生鄭家朗就取消試題的決定申請司法覆核，指決定並未遵從既定機制，更違反《基本法》第三十四條和第一百三十七條所保障的學術自由。

七月三日，法官高浩文裁定考生敗訴，其一百五十五頁的書面判詞中指：「取消試題屬學術判斷，法庭不能代為決定或干預。」亦未有足夠證據顯示程序不公義；但他批評：「教育局就試題兩度發表公開言論，用詞強硬、有威脅性，令公眾有教育局向考評局施壓的觀感。」亦多處提到：「訓練考生批判思考、提供相應學習空間的重要性。」

質疑試題對「國民的感情和尊嚴」的傷害程度。

文憑試如期發放成績。然而，取消試題所牽動的漣漪並未平伏。

八月，涉事的考評局歷史科經理楊穎宇博士向考評局請辭；同月，考評局秘書長蘇國生亦以「發展個人志向」為由辭任其職。十二月，楊博士接受多間傳媒訪問，公開講述十五年來任職考評局的經驗及這次擬卷的過程，批評取消試題的決定。但一個月後，楊博士發聲明表示因接受傳媒訪問有關試題事件，被人冒名發出色情信函，遭「人格謀殺」。為保護家人的人身安全，將謝絕訪問及回應試題事件。

而教育局就試題事件成立的專責小組，則完成有關考評局檢視擬卷機制的調查，公佈調查結果和建議。由二〇二一年一月起，考評局各科的審題委員會將加入一位教育局課程人員作為「當然委員」，直接參與擬卷的過程，負責「監察質素保證措施的實施工作」。

「擬題制度加入教育局官員，絕對破壞了考評局的獨立與自主。」張 Sir 眼睜睜看著整個考試制度被扭曲。

文史復興

當一切塵埃落定，張 Sir 決定抽時間與學生討論事件，直視社會的變動。「我們改變不了外面的決定，但歷史科相信的價值、原則不會改變。我承諾會按專業原則教學，他們不用擔心，眼前的老師不會被扭曲。」學生表示心照明瞭。他希望至少在學校或者學習上，守住學生的言論自由。

「我覺得歷史老師仍然有空間，用世界大戰等史事去教學生分析與資料互證。」Miss Li 曾親睹教育的力量：「我的跨境舊生中二那時讀到李旺陽後眼濕濕，在反修例事件亦不是親建制，香港的教育制度改變了他們。」她深信二十年來的教育改革，從未白費。

「讓每個人在德、智、體、群、美各方面都有全面而具個性的發展，能夠一生不斷自學、思考、探索、創新和應變，有充分的自信和合群的精神，願意為社會的繁榮、進步、自由和民主不斷努力，為國家和世界的前途作出貢獻。」

——二〇〇〇年九月教育統籌委員會發表的《香港教育制度改革建議》

在若隱若現的「紅線」下，莫須有的「專業失德」固然沉重，但亦令眼前的兩位教師反思教學的初衷。「或者不是問如何做歷史老師，而是作為老師，無論你教什麼科目，你怎樣教學生。」在動盪的時代，張 Sir 希望與學生在課堂外建立更深的聯繫，Miss Li 則希望陪伴學生經歷成長的迷惘。「不用這麼快絕望，守住專業，教得一日是一日，可能你就多影響個學生。希望香港的歷史老師能夠團結，一齊守住這個位置。」張 Sir 深深寄語。

自古以來，歷史就是……

2020-10-18

3｜傳 承

香港現形記

作者 美奈
受訪者 陳雪平

> 我對香港歷史感興趣，唔係因為我嚟自呢度，而係香港係一個最佳例子，去話畀人聽可以點擺脫『國大過人』嘅國族主義。

前言

「香港故事展做得好差，」一個歷史老師眼神堅定地說，「是香港人好大的委屈。」

沙灘、古墓、戰爭、包山、老店大街、金屬高架床、舊徽章舊照片，展覽好像說了很多，殘留腦海的卻很少，印象總是細細碎碎，逛罷令人不禁問：「啊，這就是香港的故事嗎？」

香港歷史博物館常設展「香港故事」二〇二〇年十月十九日起，閉館兩年進行大型復修。關門前夕引來人潮爆滿展場，盡量拍下每個細節，以作證據對照日後更改，四處彌漫「歷史被刪改」的憂慮。任教歷史的陳雪平（化名）顯得有點漫不經心，他深懂自古以來任何歷史書寫都是一場詮釋，所以他才喜歡鑽研香港歷史，卻「好討厭這個展」。

「小時候人們看金庸，我沒有，我喜歡看有關世史的書。」陳雪平說。有關世界歷史大事的書本，機緣巧合落在那位小學生之手，陳雪平由此培養濃厚歷史愛好及根底。歐美現代歷史的常識、美國獨立、

一戰如何在費迪南大公遇刺下打開序幕、二戰前的極端主義，至戰後冷戰拉鋸等「基本盤」，年紀輕輕已經全都「入晒血」（無可自拔）。

然而，從前的他卻對香港歷史冷感，不覺有何值得細看之處。博物館的「香港故事展」於二〇〇一年開幕，當時他已是個中學生，只因被朋友邀請而「焗住（被迫）去行一行」。他依稀記得一些展品的視覺元素，卻對內裡的文字描述沒什麼大印象。陳雪平接受高等教育時順理成章選擇攻讀歷史，他現為一名教師。回想起來，他說：「社會有個氛圍阻止你對香港歷史有興趣，電視播《江山如此多Fun》，同學看《三國演義》，進入大學，有人會跟你講香港史格局太小，沒價值。」

尋找香港歷史

「公共論述裡面談及香港歷史的時候，幾乎只談掌故、鄉村習俗、街名源頭，我不是說這些沒價值，而是社會好有系統地瑣碎化香港歷史。你只是講這些，那就有問題囉，好似香港只是給一些有興趣的人去過癮。」他說，香港歷史作為一門學術，其實百花齊放。一九九七年前後有關「香港身世」的研究及書籍湧現，各家爭相為「香港是什麼」下定義。

不過，中國國族主義早早看到機會，搶先來書寫香港歷史，官方亦漸漸側重這種敘事，令教育跟學術發展脫節的情況更為嚴重。相信不少人考公開試時也遇過，歷史老師會提點學生，本地歷史複雜較難取分，所以不要選答有關題目，亦即不用細讀或準備，預留時間溫習其他地區的歷史搶分。這是有關香港歷史的公共討論、教育，以及研究脫鉤的結果。

或許是因見到香港歷史「甩頭甩髻」（七零八落），反而驅使陳雪平鑽研香港歷史。有點像修理技工，他看不過眼，「那支光管閃不停，牆身發了霉，就動手去 Fix It。」一步一步發掘及重建對香港過去與現在的理解，而當時「本土論述」仍未高漲。「我 Send 了那篇文給你沒？」說罷，他就拿起手機按了幾下，原來想立即發來一篇「萬字文」以供筆者參考，講述香港歷史教育的問題。他平日亦會因應課程大綱向學生講述相關香港歷史內容，每分每秒散發行動力。

「不是因為身為香港人就要去讀或者寫香港歷史。你要留個空間承載多元，不可以用一個群體的經驗去代表其他人的經驗。」陳雪平說自己是「大左膠」，不過再說這些詞彙根本空洞，他認為歷史的批判不應臣服於身份，跟其對香港的情感並沒衝突。

「香港故事展」是妥協產物

「『香港故事展』的背景，是要針對九〇年代後期港人相對高的 Civil Pride，但不可以給他太過具身份認同感的基礎，所以『香港故事展』就將歷史輾壓到變碎片，基本上是妥協下的產物。」陳雪平坦言，這是一個反面教材。學術界別早有研究博物館及國族主義的關係，分析公共博物館可被用作為權力展示空間。香港歷史博物館無疑成為中國國族主義展露之所，更要處理本港作為殖民地異數的歷史。相對其他殖民地，英殖時期留下不少有力的正面遺產，戰後香港成為冷戰兩大世界體系的夾縫，及後本土意識與價值揚起等，內裡千絲萬縷的關係及政治，「對現在的政權來講好尷尬。」

「香港故事」原本分為八個展區，包括自然生態環境、史前時期的香港、歷代發展：從漢至清朝、香港的民俗、鴉片戰爭及香港的割讓、香港開埠及早年發展、日佔時期、現代都市及香港回歸。根據二〇一六年館方委託的一項調查顯示，一比一復原場景中以「不同年代的香港街景」最受歡迎，有近七成受訪者喜歡。陳雪平亦最記得這部份，他絞盡腦汁，勉強說：「我記得有電車啦、中藥鋪，跟雜貨店？其他都不太記得，覺得都是『景』，沒有『人』的痕跡。」他頓了一頓說：

「他 Set 了些場景，等你好似終於 Fill 自己進去，之後硬說這個就是你的故事。」

調查中最不受歡迎的一比一場景是「新石器時代先民棲息的沙灘」，而該區「史前時期的香港」亦得到很低的評分。不難理解此結果，觀眾或者未能聯想到新石器時代跟「香港」與自己的關係，而感到大惑不解。正正因為不明所意，筆者才對這片沙灘印象深刻。每每看到「先民」的模型公仔，尤其看到其中一個站在樹下的小孩，手捧一個松果或是菠蘿時，總覺得他有點喜感，又有點孤獨。後來更得知有本地藝術家會以此區來創作，用攝影及文字重造意義，感到很「搞鬼（惡搞）」。但愈了解香港的官方歷史書寫，就愈清楚館內展出的往往指涉其他意義，考古不只是考古，文物不只是文物，而

暗藏各種密碼。資料板展出古越族的介紹，追溯至秦漢以前，最後一句寫有：「事實上，香港與華南地區屬同一個文化源流，而且交流密切。」那種「自古以來」、血緣、同源的註釋，明顯不過，揉合在那小先民的微笑之中。

抹殺多元香港

「他硬將一個框套在這裡的人身上，是不是『黃口黃面』的人才算數？其他人當他不存在？」陳雪平直言，展覽帶有老舊過時的種族國族主義觀念，生硬地把身份認同單一地指向血緣族群，由此製造「我」及「他」之分，「香港歷史最忌用這角度去講。」這不難解釋為什麼展館須花上長長篇幅講述香港跟中原或嶺南的關係，還有鴉片戰爭、日佔時期等展出方式，包括戰爭經過、條約複製本及種種割讓描述。然而，「香港」二字給陳雪平的最大意義是流動多元，亦是今日的普世課題，展覽卻漠視曾在這裡的不同群體，包括猶太人、印度人、尼

泊爾人、葡萄牙人等等。他舉例說：「最近常常提及前身是璇宮戲院的北角皇都戲院，它的創辦人歐德禮（Harry Odell）就是猶太人，曾經在二戰期間對抗日軍，給人捉去本港戰俘營，都對戰後藝文發展有好大貢獻，他夠香港沒？難道他不是香港人？」

「這些東西他們（官方）不會講，香港作為一個場域有好多不同的人來到，就是『立立雜雜（雜七雜八）』，香港的 Historical Experiences 就是這麼特別。」他說。展場內有許多關於非「中」則「英」的脈絡展示，民族身份或政體發展蓋過在地民眾的生活經驗。《香港弱化：以香港歷史博物館的敘事為中心》一書中，來自韓國的柳泳夏詳細探討內裡以「中」、「英」兩大體系為主要視野的情況，加上完全扼殺香港有關民主自由的記憶，從而限制「香港性」。事實上，「不中不英」——在九〇年代後期至千禧年初被視為形容香港處境一個比較貼切的詞彙，追求一個純潔同質的起源等「尋根」說法為偽命題，世界潮流亦著眼探討路徑（Route），而不是根莖（Root）。即使如此，

「不中不英」亦有其不足，隱含在內的其實就是中、英兩個龐大的政體，不能說是錯誤，但忽略香港跟周邊至世界的關係。陳雪平說：「講香港，不能不講其外面，香港與世界，是不可分割的。」

香港是世界的？「香港故事展」的開首設有一個巨大的地球裝置，上有一個小紅點顯示香港所在。如此看來香港不過一點，但它跟世界卻千絲萬縷，形成具大的網狀連繫。學者早有研究香港跟其他沿海地區的關係，包括日本、南洋、菲律賓，以至太平洋另一方，曾因人口流動、商業行為、政治策略等，足以引證香港是具文化及歷史軌跡的海洋共同體。香港不只限於中原領土跟邊緣的關係，如果以海洋視野下，透過連繫亞洲及世界來看，香港也可以成為中心，亦可以成為邊緣，培養多元氣氛的土

壞，成為各樣文化及背景接合的基地。康文署表示，常設展更新後將劃分為兩大展區，其中「香港的歷史沿革」會縱觀香港自史前時期，至二十一世紀的香港城市發展。而「專題展區」則以多元族群、多元文化、放眼社區和華僑與香港四個主題舉辦展覽，亦會定期更新。可見官方嘗試涉足，不過為何仍是分開兩個展區？將「香港」的歷史，跟「其他」專題分隔開？是否仍然留在「我」及「非我」的路向，就要拭目以待。

無人性歷史

「我對香港歷史感興趣，不是因為我來自這裡，而是香港是一個最佳例子，可以讓人看看怎樣擺脫『國大過人』的國族主義。」他補充。對陳雪平來說，展覽另一個重大失誤為忽略人文價值。陳雪平指：「整個展沒什麼『人』的概念，例如場內有講房屋改善，但沒提及為何每個公屋要有獨立廚廁。為何不講講鄔勵德（Michael Wright）設計公屋背後的理念，他認為每單位要有個廚廁，是人的基本尊嚴，是為了人的價值。為何不多講些兩性平權、《遊樂場條例》及兒童權利，甚至早年一班走遍山野，記錄本地動植物的專家與科學家？這些呈現人權概念、人文關懷的故事，都是構成香港的意義，但展內沒講。」歷史不應只為國族角度服務，而犧牲人的價值面向，他說：「現在『人』好似只是背景板。」

「讀歷史的人都知，任何歷史書寫都是一場詮釋。聲稱自己完全中立的歷史書寫，是不面對現實。你沒法將所有歷史資料列出來，一定要取捨，一取捨，這個動作就是詮釋。」陳雪平說，歷史書寫總有角度，但當然要面對史料，而如何處理就是研究機構及學者的操守。如何書寫歷史才叫公允？陳雪平提出一些思考方法：「不是『有正有反』就叫公道，什麼都有正有反的啦，不講 Proportionality（相稱性）沒意義的。」他又再引用世界史的例子說，德國納粹時期的「白玫瑰」，核心成員為數個大學生、年輕人，於二戰時期無懼打壓及生命威脅，製作及派發反對納粹的宣傳單張，後被蓋世太保「拘捕」，一九四三年七名成員被判決及處死。他說：「他們只佔人口好少一部分，當時聲音好微弱，但你見到他們彰顯了人文精神，難道博物館因為他們人少，就隻字不提？」

「每一段歷史書寫都同現在拉扯的。」他接著說道。館方於原展閉館後開設濃縮版「經典再現——香港故事精華展」，抽取部分展品展出，被發現字眼上已有所改動。例如，展內避免使用「殖民地」一詞而多用「英治時期」，改用「割佔」而非「割讓」，亦見「自古以來」及跟華南「一脈相承」等字眼。「殖民地」一詞其實早有風波，二〇二〇年多間教科書商最新修訂通識課本更改香港作為「殖民地」的字眼，引來討論。早在二〇一六年，本土光譜著力建立自身時，黃之鋒、敖卓軒曾發文駁斥北京政府，闡述有關香港在一九七〇年代一段影響深遠，卻被港人忽略的歷史。一九七二年，在剛加入聯合國不久的中國大力主張下，聯合國大會決議將香港和澳門從聯合國殖民地名單剔

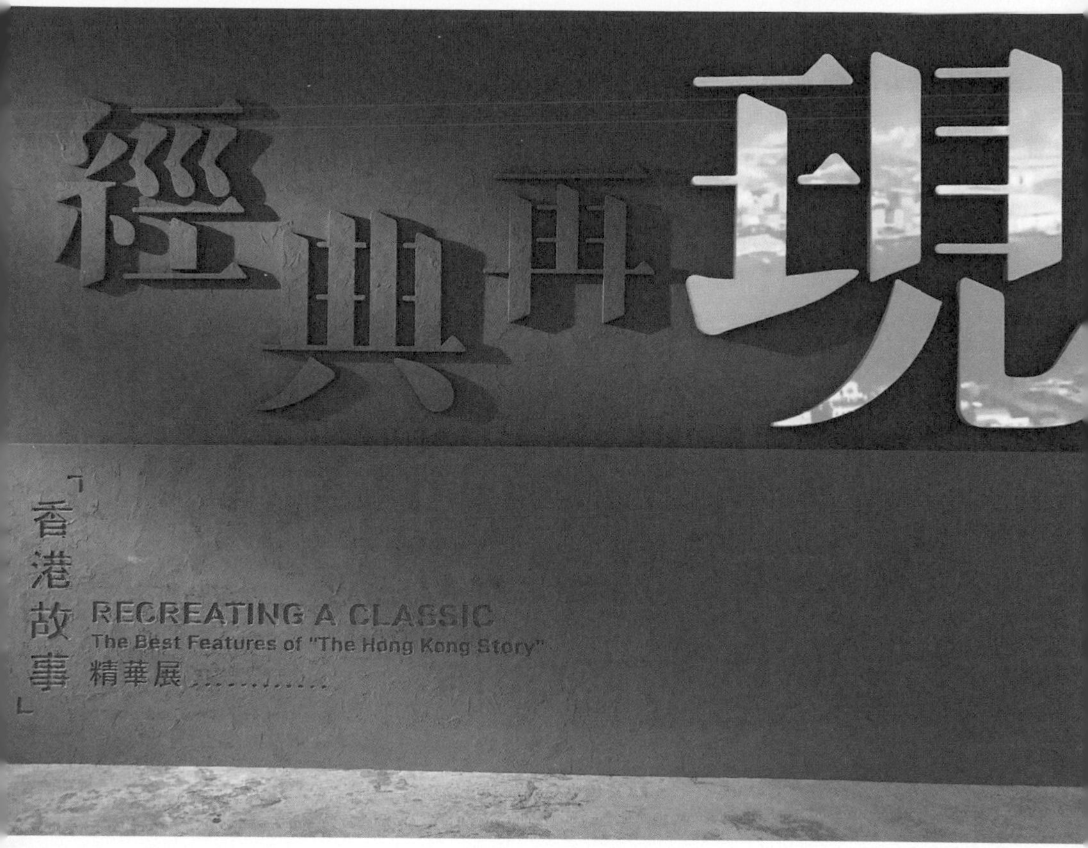
經典再現
「香港故事」
RECREATING A CLASSIC
The Best Features of "The Hong Kong Story"
精華展

除，令香港及澳門失去一九六〇年《給予殖民地國家和人民獨立宣言》下有關自決前途的權利。近年「殖民地」的用語不斷湧現，竟然被推到紅線之下成為「敏感詞」，似乎不單單因為「去殖」而重申宗主國地位，更欲抹去有關自決的思考，跟「主權」有莫大關係。

此時此刻，英國小說家歐威爾《一九八四》故事不知已被引用多少次，故事中的政權創立「新語」，透過褫奪語言，繼而褫奪思想。語言影響思考，但同時是思考的工具，當人失去文字或文字內容被更替，很多抽象想法沒法成形，莫論討論。咬文嚼字，或者是令我們思想更自主的第一步。香港故事展原以「回歸」作結，未來有指會增加一九九七年後的社會大事。陳雪平說：「政權會用『回歸』這兩個字，有些人會用『主權移交』。如果可以，我會稱做『一九九七年七月一日中華人民共和國香港特別行政區政府成立』。就是這個國家在這個地方建立了一個新的政府，而過程涉及了一系列『主權移交』、『政權移交』，還有『領土移交』。」

Touch the Screen
to Start
亦是不可改變的命運
and that is the unshakable destiny.

自古以來，歷史就是……

自己的歷史自己講

「你可以說，展內有好多 Tricks，設計這個展的人可能覺得博物館可以塑造身份。但我覺得好枉作小人，其實不會 Work。」一方面從歷史學習思考，一方面見證政權工程，陳雪平質疑大敘事，依然對市民抱有信心。他說：「市民自己會在展中找意義，任何想加諸單一敘事上去的嘗試，都會失敗，因為人有能力找一個適合他們用的意義出來。」閉館前人山人海，雖然這位歷史老師有點質疑，到底人們對香港歷史的理解是什麼，但整個過程「其實是市民表達對這個地方的關心」。他認為這個熱潮亦證明，當初希望透過「香港故事展」培養中國人身份的想法，完全失敗。近年民間愈來愈多人自發研習及分享歷史內容，他認為更多人加入詮釋是好

英女皇在香港大會堂出席歡迎儀式
Queen Elizabeth II attending a reception programme at Hong Kong City Hall

事。歷史學家、哲學家保羅・利科（Paul Ricoeur）在著作《Memory, History, Forgetting》曾提出歷史被濫用的問題，提出社會凝聚不是基於一致性，而是從眾數（Plurality）的各樣意見而來，反映個人與群體記憶既分裂又串連的曖昧關係。香港故事，不應只有一個。

「前提是你要有資訊自由，質疑與批判的能力已經深嵌在香港人的腦中，大家自己會去找，人自己會找到路。」陳雪平說。然而，《國安法》生效後，他承認「正常的公共討論已經沒法進行」：「極權運作的方式就是令一個開放討論沒辦法進行，在『正常』社會，一個出版社出了一本好差的教科書，大家可以批評與問責，現在則是被他們掩蓋起來，這樣什麼都不用講啦。」同樣情況亦出現在「香港故事展覽」，言論自由竟被「合法」壓制，對於更新過程如何發聲，甚至只是發問亦面對阻力。他說：「前面我跟你講的話，怎能公開講？」

不甘大敘事，至今時今日，港人一直在譜寫各自的故事，現身發聲，重掌話語權。有一個「香港故事」叫李宇軒，有一個「香港故事」叫港台突然被抽起的節目，還有前仆後繼的無名抗爭，未敢忘記的社會創傷，仍然堅持的每道微小事——均是小城共同面對的苦浪。港人再次面對去留的現實問題，衍生各種角力至無力，離開或留下均有其代價與選擇，或許不帶藐視的溝通才能體現尊重。問陳雪平，對他來說，那離開了香港的人仍算不算「香港故事」？他說：「As long as 你對這個地方和人有感情，你去講，那就是香港故事。歷史上好多人物，曾經在此，或最後不在香港，但好多聯繫、事情的線索都與香港有關。好多人走了之後其實與香港的 Linkage 沒斷，那些 Linkage，怎麼不是香港故事呢？」

「好多人問走不走，我都會問自己。最後我留下只有一個原因，就是我想教到一代人誠實地去做歷史工作。處理歷史，最重要的是誠實。」陳雪平說，他有他留下的動力，有他書寫自己故事的意志。

公民與社會發展科前傳——通識之死

2020-11-26

3 | 傳承

香港現形記

> 問題係你永遠唔會知道邊條題目係「政治題」，條「線」點界定只有在上位者知道，驚唔到咁多。

前言

通識教育科（下稱通識科）自從二〇〇九年成為必修必考的中學文憑試核心科目以來，一向都是箭靶，被指控鼓動年輕一代上街、挑戰權威。維護國家安全委員會成員、保安局局長李家超接受報章專訪時

作者
郁

受訪者
通識狀元 Tommy
通識老師周 Sir 及方丈

曾明言，要主動清除教育界的「壞蘋果」。通識科改革甚至殺科之聲不絕，磨刀已久的政府終在二〇二〇年十一月提出「優化課程」，其後將通識科改名為「公民與社會發展科」，二〇二一年九月立即推行。

師生間本可思想自由碰撞的通識科，被林鄭指控為「第一天已經出現了問題」，結果也壽終正寢。這個年頭阻隔師生們自由交流的，不單是實體的口罩，還有令各人言論要「就住就住（遷就）」、紅線處處的「公民與社會發展科」。

新規則．新東西．做實驗

先回帶看看通識科的「初心」。根據二〇〇七年定稿的《通識教育科課程及評估指引（中四至中六）》，高中通識教育科旨在幫助學生「對不同情景中經常出現的當代議題作多角度思考；成為獨立思考者；培養與終身學習有關的能力，包括批判性思考能力、創造力、解決問題能力和溝通能力等；及在多元社會中欣賞和尊重不同的文化和觀點，並學習處理相互衝突的價值觀。（節錄）」

其實舊學制也有通識科可選修，只是此科變為必修後引來各界的高度關注。此科的本質希望打破「填鴨式教育」的框框，引導學生思考社會真實議題並發表意見，解釋自己的思路。或許是通識科令學生「開了竅」，學生年輕的身影廣見於社會大小事件的前線，發表的意見有理有路，觸碰了在位者敏感的神經。鼓勵學生自由發表意見的通識科和任教的教師，一次又一次被扣上煽動之名。

Tommy 是第一屆（二〇一二年）的通識科考生，可謂名副其實的白老鼠，也是一隻五**狀元（最高評級）白老鼠。對於有言論指教師借通識科鼓動學生反對權威，甚至「洗學生腦」，他直言不同意。

他記得通識堂上教師的角色是「導航」，引導同學自由發表意見，並非單向地將教學內容「填鴨」進學生的腦袋。「自由表達在通識科是好重要的，不過可惜現實是當今全香港人都無法自由表達。」

他形容通識科的本質是要多角度思考，所以只側重某一邊的答題一般不會高分，因此學生要了解不同的意見。他分享說：「通識科教了我怎樣想事情，拓展了我視野。」Tommy 形容通識科令他接觸到很多不同的議題，例如近期的熱門話題是疫苗，其實當年他修讀通識科時，有關公共衞生的內容早已涉獵到藥物專利、為何會出現仿製藥等等的討論，故現在疫苗涉及的爭議，他已有一定的認知。通識科也加深了他對世界的認識，而與國情相關的三農問題、城鄉差異、國企改革、包產到戶和經濟特區等內容他也已經學過，並笑言：「我覺得我應該比坐在立法會議事堂、聲稱自己了解國情的人更了解這些內容。」

資深通識科教師方丈為了令學生真正認識國情，負責帶隊和學生到

內地考察前後已十多年，近年卻戛然而止：「現在真是不敢上去，如果有學生在關口被扣留，或者我被扣留那怎麼辦？風險太大啦。老實講當權者整日強調『國家安全』，我感覺不到安全，只有白色恐怖。」

方丈帶隊的內地考察團，目的是希望學生能與當地人交流：「令他們實實在在有些經歷，而不是只去景點打卡，例如我們會安排學生去內地姐妹學校的學生家裡作客食飯，探訪照顧孤兒的非政府組織，看看非政府組織怎樣補足社會制度的不足。我的學生甚至去過煤礦，他們都覺得是不枉此行。」

自這天睜開眼．時候總不為晚

「通識科是啟蒙了學生。其實學生看到社會真相不代表他們一定會反對政府呀，只是令他們有識見，知道社會發生什麼事。」方丈認為通識科提供一個機會讓學生面對社會問題，「為何不容許學生自由講出想法呢？畢竟他們身處在社會裡面啊！」

自言覺得「教師對學生影響不會好大」的周 Sir，本來是一名資深的通識科教師，因為在個人社交平台發表針對某紀律部隊的言論而被重點狙擊，甚至被學校調離通識科的教職，現時任教歷史科。

「我問過校長為何要調走我，他透露是校董會決定，他們覺得我好敏感、上課會『好激』，而通識科較多觸及社會與政治議題，怕我『激烈』的立場會影響學生。」周 Sir 坦言不明白學校的決定，「其實音樂教師、中文教師都可以講他們（校董會）認為『好激』的言論，同任教科目根本沒關係。不過我都明白校長是『揸頸就命』（身不由己）的。」

方丈亦坦言現在任何人都可以舉報你：「例如可能學生只是隨口跟家長講今日教了什麼，然後內容與家長的意見相反，家長就可以投訴你。」

變卦很快·世界很怪

調任歷史科教師，周Sir笑言是由一個風暴走進另一個風暴。然而他承認有「就住就住講書」：「學生其實好聰明，由他們的眼神我感覺到他們知我想講某些內容，而他們亦知道我不能講某些內容。」

周Sir形容這某程度上是「身教」：「學生會感覺到言論自由有條『紅線』。有時上課學生會比我還驚訝，雖然隔著口罩，我仍然可以由眼神感覺到他們的『O嘴』，意思大概是『阿Sir你還夠膽講這些東西！』」

他認為言論自由是「免於恐懼的自由」，而可悲的是香港的言論自由正一點一滴流逝，更不諱言現況有點像「文革」：「有某些高班我信得過的，全班都是黃的，那我上課就會講白一點。低班我就暫時上課會講得隱晦點。」歷史科課程談及毛澤東，難免要談及毛澤東在文化大革命時如何與劉少奇惡鬥等等內容，而談這些會否「被篤灰（告密）」，他直言沒有把握：「我知道曾有同事『被篤灰』，後來學校查明說指控不實，同事最後沒事。」他更明言「冇㗎喇（沒希望）」，要接受香港的現況：「有國安法之後就真是要就住就住講書。」

對於通識科的價值，周 Sir 認為課堂上師生的自由討論有助學生釐清一些問題：「例如近年開始有『戀殖』的討論。港英政府有推出好的政策之餘，其實都有高壓統治手段，例如《公安條例》其實是殖民地時代訂立。如果師生在課堂上開心見誠討論，學生可以接收更全面的資訊，總好過他們上網自己查，容易一知半解。」

他預計以後這種自由討論的空間應該會收窄，而透過討論引發的多角度思考，其實有助學生深入了解事件。學生有空間去思考，立場或會溫和一點。周 Sir 坦言：「只是知道事情某一面，其實受害的都是學生，可惜教育局不會理。」那你會否勸學生不要答政治題呢？「那又不會，問題是你永遠不會知道哪條題目是『政治題』，那條『線』怎麼界定只有上位者知道，怕不了那麼多。」

沒有被調走的方丈，坦言未來也會「就住教」，例如六四也不會刻意教，並說：「比較貼身的例如香港人的身份認同議題，我們以後還可以在課堂上自由討論嗎？某程度上我都不知應該從何說起。」他笑指教得有多深入還有一個現實的考慮，就是他深信身份認同、中國負面問題等「政治敏感題目」應該「不會考」：「你見二〇二一年的通識科公開試試題都已經是左閃右避。」

在紅線下，真實的公民與社會發展問題，答案應該就只有「就住教」、「就住問」、「就住答」。

既有路線下接受・哪有自由

負責檢視四科高中必修科的課程檢討專責小組二〇二〇年九月向教育局提交報告，並沒有就通識科六大單元內容、課時及考評等範疇建議變動。十一月特首卻於《施政報告》中提出要糾正通識科的「異化」，同月二十六日政府宣佈「優化」通識課程。課程發展議會和香港考試及評核局隨即成立「重新冠名科目委員會」處理此「新冠科目」。及後教育局局長楊潤雄二〇二一年三月二十五日在立法會會議上，明言教育局已「找出通識科在實施過程中出現異化情況的癥結，並採取針對性的改革措施，希望該科可以重回正軌」。

而「重回正軌」的做法原來是大幅刪改課程內容。之後改名為「公民與社會發展科」的「新冠科目」課程由六大單元變為三大主題：「『一國兩制』下的香港」、「改革開放以來的國家」和「互聯相依的當代世界」。課程宗旨新增：「在多元社會中傳承中華文化傳統，加深個人對中國國籍和中國公民身份的了解和認同。」新課程篤定二〇二一年九月於中四班別正式推行。

新科似乎不容討論一些涉及國家安全的內容，只能有一個角度。「Tommy 認為長此下去會令學生「不聽人講話」，最後政府也會自食其果。「其實通識科課程改成怎樣已經不值得討論啦。政府怎樣對待年輕人，大家都有眼見啦。」Tommy 直言香港的年輕人好聰明：「政府說看升國旗要流眼淚，就算年輕人可以做到爆哭，那又怎樣？代表政府成功了嗎？只是政府自我妄想罷了，全面打壓只會引來更大的負面情緒。」他明言：「現在政府已經是全面操控，新科會搞成怎樣我都拭目以待，祝政府好運。」

新科目九月要「開波」，但「新冠科目」到六月仍然未有官方認可的教科書。方丈笑說：「書單我們只可以寫住『待定』，教育局甚至叫我們用舊通識教科書『頂住先』，老實講教師可以怎樣？香港的教育居然搞到如此拙劣。」

仍是會握拳・撐起再面對

方丈認為仍然有不少「正常人」從事教育行業，雖然要接受香港變成了「新香港」，但相信教師有空間在課堂用「暗語」靈活走位，然而：「多有良知都好，都是給人『叉住條頸』啦。」育有兩名子女的他坦言會把子女送到外國讀中學：「國家安全教育的課程二〇二三年要落實，真是要走，別再留在香港啦。」

而暫時沒有想過離開香港的周 Sir 尚有數年就屆退休年齡，笑指這是他的 Advantage：「你要撤我牌便撤囉，不過我不會做到太前，不會『送頭』。雖然香港變了，但我覺得我還有事可以做，我會繼續教書。」

他因個人社交平台上的言論而被教育局譴責，但他刻意保留個人社交平台，因為不想龜縮。不過他的網上言論已經較為小心，避免情緒化的宣洩：「我知道有人監察住我的社交平台。」

雖然因為社交平台言論引起軒然大波，但是周 Sir 卻收獲窩心的關懷。有很多學生寫紙條給他，甚至有人送紙鶴，又有很多舊生重新聯繫他並留言鼓勵，令他很是感動。打氣鼓勵的字裡行間，有學生向他訴說在過去一年多社會運動中累積的鬱結：「可能他們在學校不知可以跟哪個講，又發現我原來跟他同一陣線，就同我訴下心聲。」

後記：各去守時代的崗位

周Sir收到的紙鶴，學生為他加油打氣。（周Sir提供）

想當年筆者初出茅廬，就被徵召進通識版負責採訪和整理資料作教材。初時對通識科沒什麼概念，課程文件翻到快要解體，再四出拜訪不同的學校請教，甚至局中人也不吝幫忙。雖然大家某程度上都是摸著石頭過河，但甚有「上下一心搞好這科」的感覺。此科多年來經歷幾許風雨，可幸我認識的通識教師都是有心人，一直恪守自己的專業挺直腰板說話。這場十多年的教學實驗我相信對師生來說都是利多於弊的，然而此科最終仍被當權者粗暴扼殺。雖已預料終有這一天，但二〇二〇年十一月二十六日真正宣佈殺科的那天，我心裡還是有一絲的失落。唯有借此文向各位曾經幫助過我的通識科教師致敬。然而我相信故事尚未完結，套用《ERROR 自肥企画》的旁白：「只要還留在這片土地上，每個人都會用自己的方式，在自己的崗位上戰鬥。」祝願一直還在堅持的師生，在新科中找到出路。

後記　致彼岸

彼岸的你，還好嗎？

這本書，本來是要在香港書展出版的，一直籌備了幾個月，殊不知政府只需一星期，就足以嚇走香港的出版社，令我們要改在臺灣找尋另一出版社。二〇二〇年這一年建立的恐懼就摧毀幾代人努力建立的自由城市，淪為有話不敢說，有夢也不敢做的特區，這是彼岸的你也要謹記的教訓。

也許你不是香港人，但大家所認識的香港都正在消亡，只剩下那個叫做特區的城市。

我哋真係好撚鍾意香港。但原來，真的只有失去了所愛，才會發現當中的可愛；我懷念的，不止是凍檸茶、譚仔米線、萬人狂歡的橄欖球賽、維港旁的酒吧，或者是獅子山的步道：真正叫人懷念的，是無話不說，是一起做夢的香港。

香港可以消亡，但香港人的故事卻不會中斷。在不斷瀰漫的恐懼下，不少的香港人，如煙花般散落在世界不同的地方，續寫香港的故事。一個阿根廷人，可以在巴塞隆拿學習足球，成為阿根廷人引以為榮的球王故事；一個西藏人，也可以在印度山區，成為世人景仰的喇嘛；猶太人，在更早之前，就拿著不同的護照，散落在世界各地，以超越宗教的身份認同面對極度殘酷的迫害，延續著他們的故事。

無論是去，或留，人的身份都不會被改變。一紙身份證，其實從不重要，唯有自己，才可以決定自己的身份，特別是在危難之中。洪秀柱、李百全、黃安、彭于晏、成龍、周柏豪，都自主決定了自己的身份。而這本書，就是由一堆仍然自視為香港人的小人物，在臺灣出版的第二本書。就算將來這本書，可能要學習曾幾何時的立陶宛人，走私偷運回香港，也算是一種續寫我們歷史的方法。

哪裡是彼岸？自古以來，都不重要，重要的是你和我都仍然有寫下自己故事的自由，而非被強加於頭上的身份。當年李麗珊在奧運頒獎台上，不用感謝英女皇，更不用感恩國家，就算是播著英國國歌〈God bless the Queen〉，她口中說出的仍是：「香港運動員唔係垃圾。」而戴資穎亦說過：「我今天的目標，不是只是要在臺灣打到前一前二。我是想要在國際上，讓臺灣被世界看見。」今日的張家朗則說：「證明香港仍然係得！」

說自己的話，做自己的夢，我們都明白會面對各種有形無形的威脅，經濟的封鎖、網軍的攻擊、牢獄的脅迫，這不是只有天朝大國的專利，歷史上比比皆是如此操作的權力。只是在時間軸上的二〇二〇年，香港遇上這嚴寒中綻放星火的機會，但願這本書，以及當中記下的故事，為彼岸的你，送上一份鼓勵。

223

後記

香港現形記

作　　者　傘下的人

編　　輯　木、流水麵、CG、劉霽
美術設計　Tony Cheung
美術執行　林峰毅

出　　版　一人出版社
地　　址　臺北市南京東路一段二十五號十樓之四
電　　話　(02)25372497
網　　址　Alonepublishing.blogspot.com
信　　箱　Alonepublishing@gmail.com

總 經 銷　聯合發行股份有限公司
電　　話　(02)2917-8022
傳　　真　(02)2915-6275

二〇二一年九月　初版
定　　價　新臺幣 365 元

國家圖書館出版品預行編目(CIP)資料

香港現形記 / 傘下的人 -- 初版 . --
臺北市：一人出版社，2021.9
224 面；14.8×21 公分
ISBN 978-986-97951-5-9(平裝)
1. 社會運動 2. 香港特別行政區
540.9238　　110013268